培育语文核心素养

◆

经典阅读文库

梁启超经典作品集

梁启超 著

河北出版传媒集团

花山文艺出版社

图书在版编目(CIP)数据

梁启超经典作品集 / 梁启超著 . — 石家庄：花山
文艺出版社，2018.6（2021.1重印）

ISBN 978-7-5511-3870-3

Ⅰ . ①梁… Ⅱ . ①梁… Ⅲ . ①梁启超（1873—1929）
– 文集 Ⅳ . ① B259.11

中国版本图书馆 CIP 数据核字 (2018) 第 051425 号

书　　名：**梁启超经典作品集**

作　　者：梁启超

策　　划：张采鑫

责任编辑：郝卫国

责任校对：齐　欣

特约编辑：李文生

全案设计：北京九洲鼎图书有限公司

出版发行：花山文艺出版社（邮政编码：050061）

　　　　　　（河北省石家庄市友谊北大街 330 号）

销售热线：0311-88643221/29/31/32/26

传　　真：0311-88643225

印　　刷：三河市悦鑫印务有限公司

经　　销：新华书店

开　　本：700×1000　1/16

字　　数：90 千字

印　　张：8.5

版　　次：2018 年 6 月第 1 版

　　　　　　2021 年 1 月第 3 次印刷

书　　号：ISBN 978-7-5511-3870-3

定　　价：29.90元

惊心动魄，一字千金，人人笔下所无，却为人人意中所有，虽铁石人亦应感动。从古至今，文字之力之大，无过于此者矣。

——黄遵宪

平心而论，梁任公地位在当时确实不失为一个革命家的代表。他是生在中国的封建制度被资本主义冲破了的时候，他负戴着时代的使命，标榜自由思想而与封建的残垒作战。在他那新兴气锐的言论之前，差不多所有的旧思想、旧风气都好像狂风中的败叶，完全失掉了它的精彩。二十年前的青少年——换句话说，就是当时有产阶级的子弟——无论是赞成或反对，可以说没有一个没有受过他的思想或文字的洗礼的。他是资产阶级革命时代的有力的代言者，他的功绩实不在章太炎辈之下。

——郭沫若

阅时报，知梁任公归国，京津人士都欢迎之，读之深叹公道之尚在人心也。梁任公为吾国革命第一大的功臣，其功在革新吾国之思想界。十五年来，吾国人士所以稍知民族思想主义及世界大势者，皆梁氏之赐，此百喙所不能诬也，去年武汉革命，所以能一举而全国响应者，民族思想、政治思想入人已深，故势如破竹耳。使无梁氏之笔，虽有百十孙中山、黄克强，岂能成功如此之速耶！近人诗"文字收功日，全球革命时"，此二语唯梁氏可以当之无愧。

——胡　适

父亲伟大的人格、博大坦诚的心胸、趣味主义和乐观精神，对新事物的敏感性和严谨的治学态度都是我们取之不尽、用之不竭的精神源泉。

——梁思礼

语文核心素养与经典阅读

中华人民共和国建国几十年来，语文教学实现了由"语文教学大纲"到"语文课程标准"再到"语文核心素养"的三级跳远。如果说"语文教学大纲"解决了森林的每棵树是什么的问题；那么，"语文课程标准"就解决了由树成林的整体观；而"语文核心素养"则解决了树如何成林，成林后有什么用处的大问题。

在"语文教学大纲"时代，解决一个一个的知识点是教学的重要任务，于是一篇篇文章被贴上无数的知识标签，在课堂上被一一肢解，学生被灌输了无数的知识点却"只见树木不见森林"。"语文课程标准"的颁布实施，让中国的语文教学前进了一大步，真正把语文教学放在"课程"里整体思考，整体设计教学思路，将知识、能力、情感、态度、价值观融为一体统筹安排，但其终极目标却语焉不详或无法操作而最终"形似而实不是"。"语文核心素养"是在全面落实"立德树人"教育目标下提出来的，旨在通过语文自有的教育功能为当代合格青少年的成长过程提供必要的养料和条件。

什么是"语文核心素养"？北京师范大学资深教授王宁认为：语文核心素养是学生在积极主动的语言实践活动中构建起来、并在真实的语言运用情境中表现出来的个体语言经验和言语品质；是学生在语文学习中获得的语言知识与语言能力、思维方法和思维品质，是基于正确的情感、态度和价值观的审美情趣和文化感受能力的综合体现。简言之，语文核心素养包含四个主题词，即语言、思维、审美和文化。

我们为什么要阅读经典，如何阅读经典，它和语文核心素养的养成有什么关系？

木心说，阅读经典无非就是让我们找到了一个制高点。我们可以站在这个制高点上，去回首我们的过去的经历，评判我们的得失；也可以更加开阔的视野瞭望世界，"极目楚天舒"。这说明"读什么"比"怎么读"更为重要。

中外经典繁多。中国古代文学是一座宝库，但需要掌握一定的知识和能力，需要有适合的导读和引领。中国当代文学由于还需要时间的沉淀、批判与选择。而中国现代文学由于离我们不太遥远，且由于其所处时代的特殊性，给我们的阅读提供了多种可能性。因此，在几年前"经典阅读与语文教育"课题被中国教育学会中学语文教学专业委员会批准立项时，课题组就锁定中国现代文学经典作为研究对象。这些经典，不仅有二十世纪二三四十年代冲破铁屋子的呐喊，落后与苦难下的坚守，民族存亡的抗争，也有中华人民共和国成立的喜悦和投身火热建设中的豪情，其家国情怀无不令人动容。通过阅读这些经典，学习作家们的语言运用技巧，积累语言并内化，提升自己的语言建构与运用能力；学习作家们批判与发现精神，促进自己的思维发展与提升；学会欣赏和评价作家们的作品，培养自己的审美鉴赏与创造能力；学习作家们对中外文化的包容、借鉴、继承，加强自己对文化的传承与理解。

最后借用我国著名作家王蒙先生的话与读者共勉：读书的亮点在于照亮生活，生活的亮点包括积累智慧与学问。生活与读书是互见、互证、互相照耀的关系。书没有生活那么丰富，但是应该更集中了光照与穿透的能力。不做懒汉，不做侏儒！用脑阅读，用心阅读！用阅读攀登精神的高峰！

目录

论不变法之害

今有巨厦，更历千岁，瓦墁毁坏，榱栋崩折，非不枵然大也，风雨猝集，则倾圮必矣。而室中之人犹然酣嬉鼾卧，漠然无所闻见。或则睹其危险，唯知痛哭，束手待毙，不思拯救。又其上者，补苴罅漏，弥缝蚁穴，苟安时日，以觊有功。此三人者用心不同，飘摇一至，同归死亡。善居室者，去其废坏，廓清而更张之，鸠工庀材，以新厥构。图始虽艰，及其成也，轮焉奂焉，高枕无忧也。唯国亦然。由前之说罔不亡，由后之说罔不强。

印度，大地最古之国也，守旧不变，夷为英藩矣。突厥，地跨三洲，立国历千年，而守旧不变，为六大国执其权分其地矣。非洲广袤三倍欧土，内地除沙漠一带外，皆植物饶衍，畜牧繁盛，土人不能开化，拱手以让强敌矣。波兰为欧西名国，政事不修，内讧日起，俄、普、奥相约择其肉而食矣。中亚洲回部，素号骁悍，善战斗，而守旧不变，俄人鲸吞蚕食，殆将尽之矣。越南、缅甸、高丽服属中土，渐染习气，因仍弊政，荼靡不变，汉官威仪，今无存矣。今夫俄宅苦寒之地，受蒙古钤辖，前皇残暴，民气凋丧，岌岌不可终日，自大彼得游历诸国，学习工艺，归而变政，后王受其方略，国势日盛，辟地数万里也。今夫德列国分治，无所统纪，为法所役，有若奴隶，普人发愤兴学练兵，遂蹶强法，霸中原也；今夫日本，幕府专政，诸藩力征，受俄、德、美大创，国几不国，自明治维新，改弦更张，不三十年，而夺我琉球，割我台湾也。又如西班牙、荷兰，三百年前属地遍天下，而内治稍弛，遂即陵弱，国度夷为四等。暹罗处缅越之间，同一绵薄，而稍自振厉，则岿然尚存。《记》曰："不知来，视诸往。"又曰："前车覆，后车戒。"大地万国，上下百年间，强盛弱亡之故不爽累黍，盖其几之可畏如此也。

中国立国之古等印度，土地之沃迈突厥，而因沿积敝，不能振变，亦伯仲于二国之间。以故地利不辟，人满为患。河北诸省，岁虽中收，犹道殣相。望京师一冬，死者千计。一有水旱，道路不通，运赈无术，任其填委，十室九空。滨海小民，无所得食，逃至南洋、美洲诸地，鬻身为奴，犹被驱迫，丧斧以归。驯者转于沟壑，黠者流为盗贼，教匪会匪，蔓延九州，伺隙而动。工艺不兴，商务不讲，土货日见减色，而他人投我所好，制造百物，畅销内地，漏卮日甚，脂膏将枯；学校不立，学子于帖括外一物不知，其上者考据词章，破碎相尚，语以瀛海，瞠目不信，又得官甚难，治生无术，习于无耻，懵不知怪。兵学不讲，绿营防勇，老弱癖烟，凶悍骚扰，无所可用。一旦军兴，临时募集，半属流丐，器械窳苦，饷糈微薄；偏裨以上，流品猥杂，一字不识，无论读图，营例不谙，无论兵法。以此与他人学问之将、纪律之师相遇，百战百败，无待交绥。官制不善，习非所用，用非所习，委权胥吏，百弊猬起。一官数人，一人数官，牵制推诿，一事不举，保奖蒙混，鬻爵充塞，朝为市侩，夕登显秩。宦途壅滞，候补窘悴，非钻营奔竞，不能疗饥，俸廉微薄，供亿繁浩，非贪污恶鄙，无以自给。限年绳格，虽有奇才，不能特达，必俟其筋力既衰，暮气将深，始任以事，故肉食盈廷，而乏才为患。法敝如此，虽敌国外患，晏然无闻，君子犹或忧之，况于以一羊处群虎之间，抱火厝之积薪之下而寝其上者乎？

孟子曰："国必自伐，然后人伐之。"又曰："未闻以千里畏人者也。"

又曰："能治其国家，谁敢侮之！"中国户口之众，冠于大地；幅员式廓，亦俄英之亚也；矿产充溢，积数千年未经开采；土地沃衍，百植并宜；国处温带，其民材智；君权统一，欲有兴作，不患阻挠。此皆欧洲各国之所无也。夫以旧法之不可恃也如彼，新政之易为功也又如此，何舍何从？不待智者可以决矣。

难者曰：今日之法，匪今伊昔，五帝三王之所递嬗，三祖八宗之所诒谋，累代率由，历有年所，必谓易道乃可为治，非所敢闻。释之曰：不能创法，非圣人也，不能随时，非圣人也。上观百世，下观百世，经世大法，唯本朝为善变。入关之初，即下剃发之令，顶戴翎枝，端罩马褂，古无有也，则变服色矣。用达海创国书，借蒙古字以附满洲音，则变文字矣。用汤若望、罗雅谷作宪书，用欧罗巴法以改大统历，则变历法矣。圣祖皇帝永免滋生人口之赋，并入地赋，自商鞅以来计人之法，汉武以来课丁之法无有也，则变赋法矣。举一切城工河防以及内廷营造、行在治跸，皆雇民给直，三王于农隙使民，用民三日，且无有也，则变役法矣。平民死刑别为二等，曰情实，曰缓决，犹有情实而不予勾者，仕者罪虽至死，而子孙考试入仕如故，如前代所沿夷三族之刑，发乐籍之刑，言官受廷杖，下镇扶司狱之刑，更无有也，则变刑法矣。至于国本之说，历代所重，自理密亲王之废，世宗创为密缄之法，高宗至于九降纶音，编为储贰金鉴，为世法戒，而懵儒始知大计矣。巡幸之典，谏臣所争，而圣祖、高宗皆数幸江南，木兰秋狝，岁岁举行，昧者或疑之，至仁宗贬谪松筠，宣示讲武习劳之意，而庸臣始识苦心矣。汉、魏、宋、明，由旁支入继大统者，辄议大礼，龂龂争讼，高宗援据礼经，定本生父母之称；取葬以士、祭以大夫之义。圣人制礼，万世不易，观于醇贤亲王之礼，而天下翕然称颂矣。凡此皆本朝变前代之法，善之又善者也。至于二百余年，重熙累洽，因时变制，未易缕数，数其荦荦大者。崇德以前，以八贝勒分治所部，太宗与诸兄弟朝会则共坐，饷用则均出，俘虏则均分；世祖入关，始严天泽之分，裁抑诸王骄蹇之习，遂一寰宇，诒谋至今矣。累朝用兵，拓地数万里，膺阃外之寄，多用满蒙；逮文宗而兼用汉人，辅臣文庆力赞成之，而曾、左诸公遂称名将矣。八旗劲旅，天下无敌，既削平前三藩后三藩，乾隆中屡次西征，犹复简调前往，朝驰羽檄，夕报捷书。逮宣宗时，而知索伦兵不可用。三十年来，奸荡流寇，半赖招募之勇以成功，而同治遂号中兴矣。内而治寇，始用坚壁清野之法，一变而为长江水师，再变而为防河圈禁矣。外而交邻，始用闭关绝市之法，一变而通商者十数国，再变而命使者十数国矣。此又以本朝变本朝之法者也。吾闻圣者虑时而动，使圣祖世宗生于今日，吾知其变法之锐，必不在大彼得、威廉第一、睦仁之下也。《记》曰："法先王者法其意。"今泥祖宗之法，而戾祖宗之意，是乌得为善法祖矣乎？

中国自古一统，环列皆小蛮夷，但虞内忧，不患外侮。故防弊之意多，而兴利之意少，怀安之念重，而虑危之念轻。秦后至今，垂二千年，时局匪有大殊，故治法亦可不改。国初因沿明制，稍加损益，税敛极薄，征役几绝，取士以科举，虽不讲经世，而足以扬太平。选将由行伍，虽未尝学问，然足以威萑苻。任官论资格，虽不得异材，而足以止奔竞；天潢外戚，不与政事，故无权奸僭恣之虞，督抚监司互相牵制，故无藩镇跋扈之患。使能闭关画界，永绝外敌，终古为独立之国，则墨守斯法，世世仍之，稍加整顿，未尝不足以治天下。而无如其忽与泰西诸国相遇也。泰西诸国并立，大小以数十计，狁焉思启，互相猜忌，稍不自振，则灭亡随之矣。故广设学校，奖励学会，惧人才不足，而国无与立也。振兴工艺，保护商业，惧利源为人所夺，而国以穷蹙也。将必知学，兵必识字，日夜训练，如临大敌，船械新制，争相驾尚，惧兵力稍弱，一败而不可振也。自余庶政，罔不如是。日相比较，日相磨砺，故其人之才智，常乐于相师，而其国之盛强，常足以相敌，盖舍是不能图存也。而所谓独立之国者，目未见大敌，侈然自尊，谓莫已若，又欺其民之驯弱而凌借之，虑其民之才智而束缚之，积弱凌夷，日甚一日，以此遇彼，犹以敝痈当千钧之弩，故印度突厥之覆辙，不绝于天壤也。

难者曰：法固因时而易，亦因地而行。今子所谓新法者，西人习而安之，故能有功，苟迁其地则弗良矣。释之曰：泰西治国之道，富强之原，非振古如兹也，盖自百年以来焉耳。举官新制，起于嘉庆十七年。民兵之制，起于嘉庆十七年。工艺会所，起于道光四年。农学会起于道光二十八年。国家拨款以兴学校，起于道光十三年。报纸免税之议，起于道光十六年。邮政售票，起于道光十七年。轻减刑律，起于嘉庆二十五年。汽机之制，起于乾隆三十四年。行海轮船，起于嘉庆十二年。铁路起于道光十年。电线起于道光十七年。自余一切保国之经，利民之策，相因而至，大率皆在中朝嘉道之间。盖自法皇拿破仑倡祸以后，欧洲忽生动力，因以更新。至其前此之旧俗，则视今日之中国无以远过。唯其幡然而变，不百年间，乃勃然而兴矣。然则吾所谓新法者，皆非西人所故有，而实为西人所改造，改而施之西方，与改而施之东方，其情形不殊，盖无疑矣。况蒸蒸然起于东土者，尚明有因变致强之日本乎？难者曰：子言辩矣。然伊川被发，君子所叹，用彝变夏，究何取焉？释之曰：孔子曰："天子失官，学在四彝。"《春秋》之例，彝狄进至中国则中国之。古之圣人未尝以学于人为惭德也。

然此不足以服吾子，请言中国。有土地焉，测之，绘之，化之，分之，审其土宜，教民树艺，神农后稷，非西人也。度地居民，岁杪制用，夫家众寡，六畜牛羊，纤悉书之。《周礼》《王制》，非西书也。八岁入小学，十五就大学，升造爵官，皆俟学成，庠序学校，非西名也。谋及卿士，谋及庶人，国疑则询，国迁则询，议郎博士，非西官也。流宥五刑，疑狱众共，轻刑之法，陪审之员，非西律也。三老啬夫，由民自推，辟署功曹，不用他郡，乡亭之官，非西秩也。尔无我叛，我无强贾，商约之文，非西史也。交邻有道，不辱君命，绝域之使，非西政也。邦有六职，工与居一，国有九经，工在所劝，保护工艺，非西例也。当宁而立，当宸而立，礼无不答，旅揖士人，《礼经》所陈，非西制也。天子巡守，以观民风，皇王大典，非西仪也。地有四游，地动不止，日之所生为星，愍纬雅言，非西文也。腐水离木，均发均县，临鉴立景，蜕水谓气，电缘气生，墨翟、亢仓、关尹之徒，非西儒也。故夫法者，天下之公器也，征之域外则如彼，考之前古则如此，而议者犹曰夷也夷也，而弃之，必举吾所固有之物，不自有之，而甘心以让诸人，又何取耶？

难者曰：子论诚当，然中国当败衄之后，穷蹙之日，虑无余力克任此举。强敌交逼，眈眈思启，亦未必能吾待也。释之曰：日本败于三国，受迫通商，反以成维新之功。法败于普，为城下之盟，偿五千兆福兰格，割奥斯、鹿林两省，此其痛创过于中国今日也。然不及十年，法之盛强，转逾畴昔。然则败衄非国之大患，患不能自强耳。孟子曰："国家闲暇，及是时，明其政刑，虽大国必畏之矣。"又曰："国家闲暇，及是时，般乐怠敖，是自求祸也。"泰西各国，磨牙吮血，伺于吾旁者固属有人，其顾惜商务，不欲发难者，亦未始无之，徒以我晦盲太甚，历阶孔繁，用启戎心，亟思染指。及今早图，示万国以更新之端，作十年保太平之约，亡羊补牢，未为迟也。

天下之为说者，动曰"一劳永逸"。此误人家国之言也。今夫人一日三食，苟有持说者曰"一食永饱"，虽愚者犹知其不能也。以饱之后历数时而必饥，饥而必更求食也。今夫立法以治天下，则亦若是矣。法行十年，或数十年，或百年而必敝，敝而必更求变，天之道也。故一食而求永饱者必死，一劳而求永逸者必亡。今之为不变之说者，实则非真有见于新法之为民害也。夸毗成风，惮于兴作，但求免过，不求有功。又经世之学，素所未讲，内无宗主，相从吠声。听其言论，则日日痛哭，读其词章，则字字孤愤，叩其所以图存之道，则眙然无所为对，曰："天心而已，国运而已，无可为而已。"委心袖手，以待覆亡。噫！吾不解其用心何在也！

要而论之，法者，天下之公器也；变者，天下之公理也。大地既通，万国蒸蒸，日趋于上，大势相迫，非可阏制。变亦变，不变亦变；变而变者，变之权操诸己，可以保国，可以保种，可以保教。不变而变者，变之权让诸人，束缚之，驰骤之，呜呼，则非吾之所敢言矣！是故变之途有四：其一如日本，自变者也。其二如突厥，他人执其权而代变者也，埃及、高丽等国皆是。其三如印度，见并于一国而代变者，越南、缅甸等国皆是。其四如波兰，见分于诸国而代变者也。吉凶之故，去就之间，其何择焉？《诗》曰："嗟我兄弟，邦人诸友，莫肯念乱，谁无父母！"《传》曰："嫠妇不恤其纬，而忧宗周之陨，为将及焉。"此固四万万人之所同也。彼犹太之种，迫逐于欧东；非洲之奴，充斥于大地，呜呼！夫非犹是人类也欤！

论变法不知本原之害

难者曰：中国之法，非不变也，中兴以后，讲求洋务，三十余年，创行新政，不一而足。然屡见败衄，莫克振救，若是乎新法之果无益于人国也。释之曰：前此之言变者，非真能变也，即吾向者所谓补苴罅漏，弥缝蚁穴，飘摇一至，同归死亡，而于去陈用新，改弦更张之道，未始有合也。昔同治初年，德相毕士麻克语人曰：三十年后，日本其兴，中国其弱乎？日人之游欧洲者，讨论学业，讲求官制，归而行之；中人之游欧洲者，询某厂船炮之利，某厂价值之廉，购而用之。强弱之原，其在此乎！呜呼！今虽不幸而言中矣，惩前毖后，亡羊补牢，有天下之责者，尚可以知所从也。

今之言变法者，其荦荦大端，必曰练兵也，开矿也，通商也。斯固然矣。然将率不由学校，能知兵乎？选兵不用医生，任意招募，半属流丐，体之羸壮所不知，识字与否所不计，能用命乎？将俸极薄，兵饷极微，伤废无养其终身之文，死亡无恤其家之典，能洁已效死乎？图学不兴，阨塞不知，能制胜乎？船械不能自造，仰息他人，能如志乎？海军不游弋他国，将卒不习风波，一旦临敌，能有功乎？如是，则练兵如不练。矿务学堂不兴，矿师乏绝，重金延聘西人，尚不可信，能尽利乎？械器不备，化分不精，能无弃材乎？道路不通，从矿地运至海口，其运费视原价或至数倍，能有利乎？如是，则开矿如不开。商务学堂不立，罕明贸易之理，能保富乎？工艺不兴，制造不讲，土货销场，寥寥无几，能争利乎？道路梗塞，运费笨重，能广销乎？

厘卡满地，抑勒逗留，脧膏削脂，有如虎狼，能劝商乎？领事不报外国商务，国家不护侨寓商民，能自立乎？如是，则通商如不通。其稍进者曰：欲求新政，必兴学校。可谓知本矣，然师学不讲，教习乏人，能育才乎？科举不改，聪明之士，皆务习帖括，以取富贵，趋舍异路，能俯就乎？官制不改，学成而无所用，投闲置散，如前者出洋学生故事，奇才异能，能自安乎？既欲省、府、州、县，皆设学校，然立学诸务，责在有司，今之守令，能奉行尽善乎？如是，则兴学如不兴。自余庶政，若铁路，若轮船，若银行，若邮政，若农务，若制造，莫不类是。盖事事皆有相因而至之端，而万事皆同出于一本原之地，不挈其领而握其枢，犹治丝而棼之，故百举而无一效也。

今之言变法者，其弊有二：其一，欲以震古烁今之事，责成于肉食官吏之手；其二，则以为黄种之人，无一可语，委心异族，有终焉之志。夫当急则治标之时，吾固非谓西人之必不当用，虽然，则乌可以久也！中国之行新政也，用西人者，其事多成；不用西人者，其事多败。询其故，则曰：西人明达，华人固陋；西人奉法，华人营私也。吾闻之：日本变法之始，客卿之多，过于中国也，十年以后，按年裁减，至今一切省署，皆日人自任其事，欧洲之人，百不一存矣。今中国之言变法，亦既数十年，而犹然借材异地，乃能图成，其可耻孰甚也？夫以西人而任中国之事，其爱中国与爱其国也孰愈？夫人而知之矣，况吾所用之西人，又未必为彼中之贤者乎！

若夫肉食官吏之不足任事，斯固然矣。虽然，吾固不尽为斯人咎也，帖括陋劣，国家本以此取之，一旦而责以经国之远猷，乌可得也？捐例猥杂，国家本以此市之，一旦而责以奉公之廉耻，乌可得也？一人之身，忽焉而责以治民，忽焉而责以理财，又忽焉而责以治兵，欲其条理明澈，措置悉宜，乌可得也？在在防弊，责任不专，一事必经数人，互相牵掣，互相推诿，欲其有成，乌可得也？学校不以此教，察计不以此取，任此者弗赏，弗任者弗罚，欲其振厉黾勉图功，乌可得也？途壅俸薄，长官层累，非奔竞未由得官，非贪污无以谋食，欲其忍饥寒，蠲身家，以从事于公义，自非圣者，乌可得也？今夫人之智愚贤不肖，不甚相远也。必谓西人皆智，而华人皆愚。西人皆贤，而华人皆不肖，虽五尺之童，犹知其非。然而西官之能任事也如彼，华官之不能任事也如此，故吾曰：不能尽为斯人咎也，法使然也。立法善者，中人之性可以贤，中人之才可以智；不善者反是。塞其耳目而使之愚，缚其手足而驱之为不肖，故一旦有事，而无一人可为用也。不此之变，而鳃鳃然效西人之一二事，以云自强，无惑乎言变法数十年，而利未一见，弊已百出，反为守旧之徒，抵其隙而肆其口也。

吾今为一言以蔽之曰：变法之本，在育人才；人才之兴，在开学校；学校之立，在变科举；而一切要其大成，在变官制。难者曰：子之论探本穷原，靡有遗矣。然兹事体大，非天下才，惧弗克任，恐闻者惊怖其言以为河汉，遂并向者一二西法而亦弃之而不敢道，奈何？子毋宁卑之无甚高论，令今可行矣。释之曰：不然。夫渡江者泛乎中流，暴风忽至，握舵击楫，虽极疲顿，无敢去者。以偷安一息，而死亡在其后也！庸医疑证，用药游移，精于审证者，得病源之所在，知非此方不愈此疾。三年畜艾，所弗辞已，虽曰难也，将焉避之！抑岂不闻东海之滨，区区三岛，外受劫盟，内逼藩镇，崎岖多难，濒于灭亡，而转圜之间，化弱为强，岂不由斯道矣乎！则又乌知乎今之必不可行也。有非常之才，则足以济非常之变，呜呼，是所望于大人君子者矣！

呵旁观者文

天下最可厌可憎可鄙之人，莫过于旁观者。

旁观者，如立于东岸，观西岸之火灾，而望其红光以为乐；如立于此船，观彼船之沉溺，而睹其凫浴以为欢。若是者，谓之阴险也不可，谓之狠毒也不可。此种人无以名之，名之曰无血性。嗟乎！血性者人类之所以生，世界之所以立也；无血性则是无人类、无世界也。故旁观者，人类之蟊贼，世界之仇敌也。

人生于天地之间，各有责任。知责任者大丈夫之始也，行责任者大丈夫之终也；自放弃其责任，则是自放弃其所以为人之具也。是故人也者，对于一家而有一家之责任，对于一国而有一国之责任，对于世界而有世界之责任。一家之人各个自放弃其责任，则家必落；一国之人各个自放弃其责任，则国必亡；全世界人人各个自放弃其责任，则世界必毁。旁观云者，放弃责任之谓也。

中国辞章家有警语两句，曰："济人利物非吾事，自有周公孔圣人。"中国寻常人有熟语两句，曰："各人自扫门前雪，不管他人瓦上霜。"此数语者实旁观派之经典也，口号也。而此种经典、口号，深入于全国人之脑中，拂之不去，涤之不净。质而言之，即"旁观"二字，代表吾全国人之性质也，是即"无血性"三字为吾全国人所专有物也。呜呼！吾为此惧。

旁观者，立于客位之意义也。天下事不能有客而无主，譬之一家，大而教训其子弟，综核其财产，小而启闭其门户，洒扫其庭除，皆主人之事也。主人为谁？即一家之人是也。一家之人，各尽其主人之职，而家以成。若一家之人各自立于客位，父诿之于子，子诿之于父；兄诿之于弟，弟诿之于兄；夫诿之于妇，妇诿之于夫：是之谓无主之家。无主之家，其败亡可立而待也。唯国亦然。一国之主人为谁？即一国之人是也。西国之所以强者无他焉，一国之人各尽其主人之职而已。中国则不然，入其国，问其主人为谁，莫之承也。将谓百姓为主人欤？百姓曰：此官吏之事也，我何与焉？将谓官吏为主人欤？官吏曰：我之尸此位也，为吾威势耳，为吾利源耳，其他我何知焉？若是乎一国虽大，竟无一主人也。无主人之国，则奴仆从而弄之，盗贼从而夺之，固宜。《诗》曰："子有庭内，弗洒弗扫。子有钟鼓，弗鼓弗考。宛其死矣，他人是保。"此天理所必不至也，于人乎何尤？

夫对于他人之家、他人之国而旁观焉，犹可言也。何也？我固客也。（侠者之义，虽对于他国、他家，亦不当旁观。今姑置勿论。）

对于吾家、吾国而旁观焉，不可言也。何也？我固主人也。我尚旁观，而更望谁之代吾责也？大抵家国之盛衰兴亡，恒以其家中、国中旁观者之有无多少为差。国人无一旁观者，国虽小而必兴；国人尽为旁观者，国虽大而必亡。今吾观中国四万万人，皆旁观者也。谓余不信，请征其流派：

一曰混沌派。此派者，可谓之无脑筋之动物也。彼等不知有所谓世界，不知有所谓国，不知何者为可忧，不知何者为可惧，质而论之，即不知人世间有应做之事也。饥而食，饱而游，困而睡，觉而起，户以内即其小天地，争一钱可以殒身命。彼等即不知有事，何所谓办与不办？既不知有国，何所谓亡与不亡？譬之游鱼居将沸之鼎，犹误为水暖之春江；巢燕处半火之堂，犹疑为照屋之出日。彼等之生也，如以机器制成者，能运动而不能知觉；其死也，如以电气殛毙者，有堕落而不有苦痛，蠕蠕然度数十寒暑而已。彼等虽为旁观者，然曾不自知其为旁观者，吾命之为旁观派中之天民。四万万人中属于此派者，殆不止三万五千万人。然此又非徒不识字、不治生之人而已。天下固有不识字、不治生之人而不混沌者，亦有号称能识字、能治生之人而实大混沌者。大抵京外大小数十万之官吏，应乡、会、岁、科试数百万之士子，满天下之商人，皆于其中十有九属于此派者。

二曰为我派。此派者，俗语所谓遇雷打尚按住荷包者也。事之当办，彼非不知；国之将亡，彼非不知。虽然，办此事而无益于我，则我唯旁观而已；亡此国而无损于我，则我唯旁观而已。若冯道当五季鼎沸之际，朝梁夕晋，犹以五朝元老自夸；张之洞自言瓜分之后，尚不失为小朝廷大臣，皆此类也。彼等在世界中，似是常立于主位而非立于客位者。虽然，不过以公众之事业，而计其一己之利害；若夫公众之利害，则彼始终旁观者也。吾昔见日本报纸中有一段，最能摹写此辈情形者，其言曰：

> 吾尝游辽东半岛，见其沿道人民，察其情态，彼等于国家存亡危机，如不自知者。彼等之待日本军队，不见为敌人，而见为商店之主顾客；彼等心目中不知有辽东半岛割归日本与否之问题，唯知有日本银色与纹银兑换补水几何之问题。

此实写出魑魅魍魉之情状，如禹鼎铸奸矣。推为我之蔽，割数千里之地，赔数百兆之款，以易其衙门咫尺之地，而曾无所顾惜，何也？吾今者既已六七十矣，但求目前数年无事，至一瞑之后，虽天翻地覆非所问也。明知官场积习之当改而必不肯改，吾衣领饭碗之所在也；明知学校科举之当变而不肯变，吾子孙出身之所由也。此派者，以老聃为先圣，以杨朱为先师。一国中无论为官、为绅、为士、为商，其据要津、握重权者皆此辈也，故此派有左右世界之力量。一国聪明才智之士，皆走集于其旗下；而方在萌芽卵孵之少年子弟，转率仿效之。如麻风、肺病者传其种于子孙，故遗毒遍于天下。此为旁观派中之最有魔力者。

三曰呜呼派。何谓呜呼派？彼辈以咨嗟太息、痛哭流涕为独一无二之事业者也。其面常有忧国之容，其口不少哀时之语。告以事之当办，彼则曰诚当办也，奈无从办起何；告以国之已危，彼则曰诚极危也，奈已无可救何；再穷诘之，彼则曰国运而已，天心而已。"无可奈何"四字是其口诀，"束手待毙"一语是其真传。如见火之起，不务扑灭，而太息于火势之炽炎；如见人之溺，不思拯援，而痛恨于波涛之澎湃。此派者，彼固自谓非旁观者也，然他人之旁观也以目，彼辈之旁观也以口。彼辈非不关心国事，然以国事为诗料；非不好言时务，然以时务为谈资者也。吾人读波兰灭亡之记，埃及惨状之史，何尝不为之感叹；然无益于波兰、埃及者，以吾固旁观也。吾人见菲律宾与美血战，何尝不为之起敬；然无助于菲律宾者，以吾固旁观也。所谓呜呼派者，何以异是！此派似无补于世界，亦无害于世界者；虽然，灰国民之志气，阻将来之进步，其罪实不薄也。此派者，一国中号称名士者皆归之。

四曰笑骂派。此派者，谓之旁观，宁谓之后观。以其常立于人之背后，而以冷言热语批评人者也。彼辈不唯自为旁观者，又欲逼人使不得不为旁观者；既骂守旧，亦骂维新；既骂小人，亦骂君子；对老辈则骂其暮气已深，对青年则骂其躁进喜事；事之成也，则曰竖子成名；事之败也，则曰吾早料及。彼辈常自立于无可指摘之地，何也？不办事故无可指摘，旁观故无可指摘。己不办事，而立于办事者之后，引绳批根以嘲讽抨击，此最巧黠之术，而使勇者所以短气，怯者所以灰心也。岂直使人灰心短气而已，而将成之事，彼辈必以笑骂沮之；已成之事，彼辈能以笑骂败之。故彼辈者世界之阴人也。夫排斥人未尝不可，己有主义欲伸之，而排斥他人之主义，此西国政党所不讳也。然彼笑骂派果有何主义乎？譬之孤舟遇风于大洋，彼辈骂风、骂波、骂大洋、骂孤舟，乃至遍骂同舟之人；若问此船当以何术可达彼岸乎，彼等瞠然无对也。何也？彼辈借旁观以行笑骂，失旁观之地位，则无笑骂也。

五曰暴弃派。呜呼派者，以天下为无可为之事；暴弃派者，以我为无可为之人也。笑骂派者，常责人而不责己；暴弃派者，常望人而不望己也。彼辈之意，以为一国四百兆人，其三百九十九兆九亿九万九千九百九十九人中，才智不知几许，英杰不知几许，我之一人岂足轻重。推此派之极弊，必至四百兆人，人人皆除出自己，而以国事望诸其余之三百九十九兆九亿九万九千九百九十九人。统计而互消之，则是四百兆人，卒至实无一人也。夫国事者，国民人人各自有其责任者也，愈贤智则其责任愈大，即愚不肖亦不过责任稍小而已，不能谓之无也。他人虽有绝大智慧、绝大能力，只能尽其本身分内之责任，岂能有分毫之代我？譬之欲不食而使善饭者为我代食，欲不寝而使善睡者为我代寝，能乎否乎？夫我虽愚不肖，然既为人矣，即为人类之一分子也；既生此国矣，即为国民之一阿屯也。我暴弃己之一身，犹可言也；污蔑人类之资格，灭损国民之体面，不可言也。故暴弃者实人道之罪人也。

六曰待时派。此派者，有旁观之实而不自居其名者也。夫待之云者，得不得未可必之词也。吾待至可以办事之时然后办之，若终无其时，则是终不办也。寻常之旁观则旁观人事，彼辈之旁观则旁观天时也。且必如何然后为可以办事之时，岂有定形哉？办事者，无时而非可办之时；不办事者，无时而非不可办之时。故有志之士，唯造时势而已，未闻有待时势者也。待时云者，欲觇风潮之所向，而从旁拾其余利，向于东则随之而东，向于西则随之而西，是乡愿之本色，而旁观派之最巧者也。

以上六派，吾中国人之性质尽于是矣。其为派不同，而其为旁观者则同。若是乎，吾中国四万万人，果无一非旁观者也；吾中国虽有四万万人，果无一主人也。以无一主人之国，而立于世界生存竞争最剧最烈、万鬼环瞰、百虎眈视之大舞台，吾不知其如何而可也。六派之中，第一派为不知责任之人，以下五派为不行责任之人，知而不行，与不知等耳。且彼不知者犹有翼焉，冀其他日之知而即行也。若知而不行，则是自绝于天地也。故吾责第一派之人犹浅，责以下五派之人最深。

虽然，以阳明学知行合一之说论之，彼知而不行者，终是未知而已。苟知之极明，则行之必极勇。猛虎在于后，虽跛者或能跃数丈之涧；燎火及于邻，虽弱者或能运千钧之力。何也？彼确知猛虎、大火之一至，而吾之性命必无幸也。夫国亡种灭之残酷，又岂止猛虎、大火而已。吾以为举国之旁观者挺直未知之耳，或知其一二而未知其究竟耳。若真知之，若究竟知之，吾意虽钳其手、缄其口，犹不能使之默然而息，块然而坐也。安有悠悠日月，歌舞太平，如此江山，坐付他族，袖手而作壁上之观，面缚以待死期之至，如今日者耶？嗟乎！今之拥高位，秩厚禄，与夫号称先达名士有闻于时者，皆一国中过去之人也。如已退院之僧，如已闭房之妇，彼自顾此身之寄居此世界，不知尚有几年，故其于国也有过客之观，其苟且以偷逸乐，袖手以终余年，固无足怪焉。若无辈青年，正一国将来之主人也，与此国为缘之日正长。前途茫茫，未知所届。国之兴也，我辈实躬享其荣；国之亡也，我辈实亲尝其惨。欲避无可避，欲逃无可逃，其荣也非他人之所得攘，其惨也非他人之所得代。言念及此，夫宁可旁观耶？夫宁可旁观耶？吾岂好为深文刻薄之言以骂尽天下哉？毋亦发于不忍旁观区区之苦心，不得不大声疾呼，以为我同胞四万万人告也。

旁观之反对曰：任。孔子曰："天下有道，丘不与易也。"孟子曰："如欲平治天下，当今之世，舍我其谁也！"任之谓也。

少年中国说

日本人之称我中国也，一则曰老大帝国，再则曰老大帝国。是语也，盖袭译欧西人之言也。呜呼！我中国其果老大矣乎？梁启超曰：恶！是何言！是何言！吾心目中有一少年中国在！

欲言国之老少，请先言人之老少。老年人常思既往，少年人常思将来。唯思既往也，故生留恋心，唯思将来也，故生希望心。唯留恋也，故保守；唯希望也，故进取。唯保守也，故永旧；唯进取也，故日新。唯思既往也，事事皆其所已经者，故唯知照例；唯思将来也，事事皆其所未经者，故常敢破格。老年人常多忧虑，少年人常好行乐。唯多忧也，故灰心；唯行乐也，故盛气。唯灰心也，故怯懦；唯盛气也，故豪壮。唯怯懦也，故苟且；唯豪壮也，故冒险。唯苟且也，故能灭世界；唯冒险也，故能造世界。老年人常厌事；少年人常喜事。唯厌事也，故常觉一切事无可为者；唯好事也，故常觉一切事无不可为者。老年人如夕照，少年人如朝阳；老年人如瘠牛，少年人如乳虎；老年人如僧，少年人如侠；老年人如字典，少年人如戏文；老年人如鸦片烟，少年人如白兰地酒；老年人如别行星之陨石，少年人如大洋海之珊瑚岛；老年人如埃及沙漠之金字塔，少年人如西伯利亚之铁路；老年人如秋后之柳，少年人如春前之草；老年人如死海之潴为泽，少年人如长江之初发源。此老年与少年性格不同之大略也。梁启超曰：人固有之，国亦宜然。

梁启超曰：伤哉，老大也。浔阳江头琵琶妇，当明月绕船，枫叶瑟瑟，衾寒于铁，似梦非梦之时，追想洛阳尘中春花秋月之佳趣。西宫南内，白发宫娥，一灯如穗，三五对坐，谈开元、天宝间遗事，谱《霓裳羽衣曲》。青门种瓜人，左对孺人，顾弄孺子，忆侯门似海珠履杂沓之盛事。拿破仑之流于厄蔑，阿剌飞之幽于锡兰，与三两监守吏或过访之好事者，道当年短刀匹马，驰骋中原，席卷欧洲，血战海楼，一声叱咤，万国震恐之丰功伟烈，初而拍案，继而抚髀，终而揽镜。呜呼！面皴齿尽，白发盈把，颓然老矣。若是者，舍幽郁之外无心事，舍悲惨之外无天地，舍颓唐之外无日月，舍叹息之外无音声，舍待死之外无事业。美人豪杰且然，而况于寻常碌碌者耶！生平亲友，皆在墟墓，起居饮食，待命于人，今日且过，遑知他日，今年且过，遑恤明年。普天下灰心短气之事，未有甚于老大者。于此人也，而欲望以拿云之手段，回天之事功，挟山超海之意气，能乎不能？

呜呼，我中国其果老大矣乎？立乎今日，以指畴昔，唐虞三代，若何之郅治；秦皇汉武，若何之雄杰；汉唐来之文学，若何之隆盛；康乾间之武功，若何之炬赫！历史家所铺叙，辞章家所讴歌，何一非我国民少年时代良辰美景、赏心乐事之陈迹哉！而今颓然老矣，昨日割五城，明日割十城；处处雀鼠尽，夜夜鸡犬惊；十八省之土地财产，已为人怀中之肉；四百兆之父兄子弟，已为人注籍之奴。岂所谓老大嫁作商人妇者耶？呜呼！凭君莫话当年事，憔悴韶光不忍看。楚囚相对，岌岌顾影；人命危浅，朝不虑夕。国为待死之国，一国之民为待死之民，万事付之奈何，一切凭人作弄，亦何足怪！

梁启超曰：我中国其果老大矣乎？是今日全地球之一大问题也。如其老大也，则是中国为过去之国，即地球上昔本有此国，而今渐渐灭，他日之命运殆将尽也。如其非老大也，则是中国为未来之国，即地球上昔未现此国，而今渐发达，他日之前程且方长也。欲断今日之中国为老大耶？为少年耶？则不可不先明"国"字之意义。夫国也者，何物也？有土地，有人民，以居于其土地之人民，而治其所居之土地之事，自制法律而自守之；有主权，有服从，人人皆主权者，人人皆服从者。夫如是，斯谓之完全成立之国。地球上之有完全成立之国也，自百年以来也。完全成立者，壮年之事也；未能完全成立而渐进于完全成立者，少年之事也。故吾得一言以断之曰：欧洲列邦在今日为壮年国，而我中国在今日为少年国。

夫古昔之中国者，虽有国之名，而未成国之形也。或为家族之国，或为酋长之国，或为诸侯封建之国，或为一王专制之国，虽种类不一，要之其于国家之体质也，有其一部而缺其一部，正如婴儿自胚胎以迄成童，其身体之一二官支，先行长成，此外则全体虽粗具，然未能得其用也。故唐虞以前为胚胎时代，殷周之际为乳哺时代，由孔子而来至于今为童子时代，逐渐发达，而今乃始将入成童以上少年之界焉。其长成所以若是之迟者，则历代之民贼有窒其生机者也。譬犹童年多病，转类老态，或且疑其死期之将至焉，而不知皆由未完全、未成立也，非过去之谓，而未来之谓也。

且我中国畴昔，岂尝有国家哉？不过有朝廷耳。我黄帝子孙，聚族而居，立于此地球之上者既数千年，而问其国之为何名，则无有也。夫所谓唐、虞、夏、商、周、秦、汉、魏、晋、宋、齐、梁、陈、隋、唐、宋、元、明、清者，则皆朝名耳。朝也者，一家之私产也；国也者，人民之公产也。朝有朝之老少，国有国之老少，朝与国既异物，则不能以朝之老少而指为国之老少明矣。文、武、成、康，周朝之少年时代也；幽、厉、桓、赧，则其老年时代也。高、文、景、武，汉朝之少年时代也；元、平、桓、灵，则其老年时代也。自余历朝，莫不有之。凡此者谓为一朝廷之老也则可，谓为一国之老也则不可。一朝廷之老且死，犹一人之老且死也，于吾所谓中国者何与焉？然则吾中国者，前此尚未出现于世界，而今乃始萌芽云尔。天地大矣，前途辽矣，美哉我少年中国乎！

玛志尼者，意大利三杰之魁也，以国事被罪，逃窜异邦，乃创立一会，名曰"少年意大利"。举国志士，云涌雾集以应之，卒乃光复旧物，使意大利为欧洲之一雄邦。夫意大利者，欧洲第一之老大国也，自罗马亡后，土地隶于教皇，政权归于奥国，殆所谓老而濒于死者矣。而得一玛志尼，且能举全国而少年之况，我中国之实为少年时代者耶？堂堂四百余州之国土，凛凛四百余兆之国民，岂遂无一玛志尼其人者？

龚自珍氏之集有诗一章，题曰《能令公少年行》。吾尝爱读之，而有味乎其用意之所存。我国民而自谓其国之老大也，斯果老大矣；我国民而自知其国之少年也，斯乃少年矣。西谚有之曰：有三岁之翁，有百岁之童。然则国之老少，又无定形，而实随国民之心力以为消长者也。吾见乎玛志尼之能令国少年也，吾又见乎我国之官吏士民能令国老大也，吾为此惧。夫以如此壮丽浓郁、翩翩绝世之少年中国，而使欧西日本人谓我为老大者何也？则以握国权者皆老朽之人也。非哦几十年八股，非写几十年白折，非当几十年差，非挨几十年俸，非递几十年手本，非唱几十年喏，非磕几十年头，非请几十年安，则必不能得一官，进一职。其内任卿贰以上，外任监司以上者，百人之中，其五官不备者，殆九十六七人也，非眼盲，则耳聋，非手颤，则足跛，否则半身不遂也。彼其一身饮食、步履、视听、言语，尚且不能自了，须三四人在左右扶之捉之，乃能度日，于此而乃欲责之以国事，是何异立无数木偶而使之治天下也。且彼辈者，自其少壮之时，既已不知亚细、欧罗为何处地方，汉祖、唐宗是哪朝皇帝，犹嫌其顽钝腐败之未臻其极，又必搓磨之、陶冶之，待其脑髓已涸，血管已塞，气息奄奄与鬼为邻之时，然后将我二万里山河，四万万人命，一举而畀于其手。呜呼！老大帝国，诚哉其老大也！而彼辈者，积其数十年之八股、白折、当差、挨俸、手本、唱喏、磕头、请安，千辛万苦，千苦万辛，乃始得此红顶花翎之服色，中堂大人之名号，乃出其全副精神，竭其毕生力量，以保持之。如彼乞儿，拾金一锭，虽轰雷盘旋其顶上，而两手犹紧抱其荷包，他事非所顾也，非所知也，非所闻也。于此而告之以亡国也，瓜分也，彼乌从而听之？乌从而信之？即使果亡矣，果分矣，而吾今年既七十矣八十矣，但求其一两年内，洋人不来，强盗不起，我已快活过了一世矣。若不得已，则割三头两省之土地奉申贺敬，以换我几个衙门，卖三几百万之人民作仆为奴，以赎我一条老命，有何不可？有何难办？呜呼，今之所谓老后、老臣、老将、老吏者，其修身齐家治国平天下之手段，皆具于是矣。西风一夜催人老，凋尽朱颜白尽头。使走无常当医生，携催命符以祝寿。嗟乎痛哉！以此为国，是安得不老且死，且吾恐其未及岁而殇也。

梁启超曰：造成今日之老大中国者，则中国老朽之冤业也；制出将来之少年中国者，则中国少年之责任也。彼老朽者何足道，彼与此世界作别之日不远矣，而我少年乃新来而与世界为缘。如僦屋者然，彼明日将迁居他方，而我今日始入此室处，将迁居者，不爱护其窗棂，不洁治其庭庑，俗人恒情，亦何足怪。若我少年者前程浩浩，后顾茫茫，中国而为牛、为马、为奴、为隶，则烹脔鞭棰之残酷，唯我少年当之。中国如称霸宇内，主盟地球，则指挥顾盼之尊荣，唯我少年享之。于彼气息奄奄、与鬼为邻者何与焉？彼而漠然置之，犹可言也；我而漠然置之，不可言也。使举国之少年而果为少年也，则吾中国为未来之国，其进步未可量也，使举国之少年而亦为老大也，则吾中国为过去之国，其渐亡可翘足而待也。故今日之责任，不在他人，而全在我少年。少年智则国智，少年富则国富，少年强则国强，少年独立则国独立，少年自由则国自由，少年进步则国进步，少年胜于欧洲，则国胜于欧洲，少年雄于地球，则国雄于地球。红日初升，其道大光；河出伏流，一泻汪洋；潜龙腾渊，鳞爪飞扬；乳虎啸谷，百兽震惶；鹰隼试翼，风尘吸张；奇花初胎，矞矞皇皇；干将发硎，有作其芒。天戴其苍，地履其黄；纵有千古，横有八荒；前途似海，来日方长。美哉我少年中国，与天不老！壮哉我中国少年，与国无疆！

"三十功名尘与土，八千里路云和月。莫等闲白了少年头，空悲切！"此岳武穆《满江红》词句也，作者自六岁时即口授记忆，至今喜诵之不衰。自今以往，弃"哀时客"之名，更自名曰"少年中国之少年"。作者附识。

十种德性相反相成义

《中庸》曰："万物并育而不相害，道并行而不相悖。"大哉言乎！野蛮时代所谓道德者，其旨趣甚简单而常不相容；文明时代所谓道德者，其性质甚繁杂而各呈其用。而吾人所最当研究而受用者，则凡百之道德，皆有一种妙相，即自形质上观之，划然立于反对之两端；自精神上观之，纯然出于同体之一贯者。譬之数学，有正必有负；譬之电学，有阴必有阳；譬之冷势两暗潮，互冲而互调；譬之轻重两空气，相薄而相剂。善学道者，能备其繁杂之性质而利用之，如佛说华严宗所谓相是无碍相入无碍。苟有得于是，则以之独善其身而一身善，以之兼善天下而天下善。

朱子曰："教学者如扶醉人，扶得东来西又倒。"凡我辈有志于自治，有志于觉天下者，不可不重念此言也。天下固有绝好之义理，绝好之名目，而提倡之者不得其法，遂以成绝大之流弊者。流弊犹可言也，而因此流弊之故，遂使流俗人口实之，以此义理此名目为诟病，即热诚达识之士，亦或疑其害多利少而不敢复道，则其于公理之流行反生阻力，而文明进化之机为之大窒。庄子曰："其作始也简，其将毕也巨。"可不惧乎！可不惧乎！故我辈讨论公理，必当平其心，公其量，不可徇俗以自画，不可惊世以自喜。徇俗以自画是谓奴性，惊世以自喜是谓客气。吾今者以读书思索之所得，觉有十种德性，其形质相反，其精神相成，而为凡人类所当具有缺一不可者。今试分别论之。

其一　独立与合群

独立者何？不倚赖他力，而常昂然独往独来干世界者也。（中庸）所谓中立而不倚，是其义也。人之所以异于禽兽者以此，文明人所以异于野蛮者以此。吾中国所以不成为独立国者，以国民乏独立之德而已。言学问则倚赖古人，言政术则倚赖外国。官吏倚赖君主，君主倚赖官吏；百姓倚赖政府，政府倚赖百姓。乃至一国之人，各个放弃其责任而唯倚赖之是务，究其极也，实则无一人之可倚赖者。譬犹群盲偕行，甲扶乙肩，乙牵丙袂，究其极也，实不过盲者依赖盲者。一国腐败，皆根于是。故今日救治之策，唯有提倡独立。人人各断绝倚赖，如孤军陷重围，以人自为战之心，作背城借一之举，庶可以扫拔已往数千年奴性之壁垒，可以脱离此后四百兆奴种之沉沦。今世之言独立者，或曰拒列强之干涉而独立，或曰脱满洲之羁轭而独立。吾以为不患中国不为独立之国，特患中国今无独立之民。故今日欲言独立，当先言个人之独立，乃能言全体之独立；先言道德上之独立，乃能言形势上之独立。危哉微哉！独立之在我国乎？

合群云者，合多数之独而成群也。以物竞天择之公理衡之，则其合群之力愈坚而大者，愈能占优胜权于世界上，此稍学哲理者所能知也。吾中国谓之为无群乎，彼固庞然四百兆人经数千年聚族而居者也。不宁唯是，其地方自治之发达颇早，各省中所含小群无数也；同业联盟之组织颇密，四民中所含小群无数也。然终不免一盘散沙之诮者，则以无合群之德故也。合群之德者，以一身对于一群，常肯绌身而就群；以小群对于大群，常肯绌小群而就大群。夫然后能合内部固有之群，以敌外部来侵之群。乃我中国之现状，则有异于是矣。彼不识群义者不必论，即有号称求新之士，日日以合群呼号于天下，而甲地设一会，乙徒立一党，始也互相轻，继也互相妒，终也互相残。其力薄者，旋起旋灭等于无有；其力强者，且将酿成内讧为世道忧。此其故亦非尽出于各人之私心焉，盖国民未有合群之德，欲集无数之不能群者强命为群，有其形质无其精神也。故今日吾辈所最当讲求者，在养群德之一事。

独与群，对待之名词也。入人断绝倚赖，是倚群毋乃可耻？常绌身而就群，是主独无乃可羞？以此间隙，遂有误解者与托名者之二派出焉。其老朽腐败者，以和光同尘为合群之不二法门，驯至尽弃其独立，阘然以媚于世；其年少气锐者，避奴隶之徽号，乃专以尽排侪辈唯我独尊为主义。由前之说，是合群为独立之贼；由后之说，是独立为合群之贼。若是乎两者之终不能并存也。今我辈所亟当说明者有二语：曰独立之反面依赖也，非合群也；合群之反面营私也，非独立也。虽人自为战，而军令自联络而整齐，不过以独而扶其群云尔；虽全机运动，而轮轴自分劳而赴节，不过以群而扶其独云尔。苟明此义，则无所容其托，亦不必用其避。譬之物质然，合无数"阿屯"而成一体，合群之义也；每一"阿屯"中皆具有本全所含原质之全份，独立之义也。若是者谓之合群之独立。

其二　自由与制裁

自由者，权利之表证也。凡人所以为人者有二大要件，一曰生命，二曰权利，二者缺一，时乃非人。故自由者亦精神界之生命也。文明国民每不惜掷多少形质界之生命，以易此精神界之生命，为其重也。我中国谓其无自由乎？则交通之自由，官吏不禁也，住居行动之自由官吏不禁也，置管产业之自由官吏不禁也。书信秘密之自由官吏不禁也，集会言论之自由官吏不禁也，信教之自由官吏不禁也，（近虽禁其一部分，然比之前世纪法、普、奥等国相去远甚。）凡各国宪法所定形式上之自由几皆有之。虽然，吾不敢谓之为自由者何也？有自由之俗，而无自由之德也。自由之德者，非他人所能予夺，乃我自得之而自享之者也。故文明国之得享用自由也，其权非操诸官吏，而常采诸国民。中国则不然，今所以幸得此习俗之自由者，恃官吏之不禁耳，一旦有禁之者，则其自由可以忽消灭而无复踪影。而官吏之所以不禁者，亦非专重人权在而不敢禁也，不过其政术拙劣，其事务废弛，无暇及此云耳。官吏无日不可以禁，自由无日不可以亡，若是者谓之奴隶之自由。若夫思想自由，为凡百自由之母者，则政府不禁之，而社会自禁之。以故吾中国四万万人，无一可称完人者，以其仅有形质界之生命，而无精神界之生命也。故今日欲救精神界之中国，舍自由美德外，其道无由。

制裁云者，自由之对待也。有制裁之主体，则必有服从之客体。既曰服从，尚得为有自由乎？顾吾尝观万国之成例，凡最尊自由权之民族，恒即为最富于制裁力之民族。其故何哉？自由之公例曰：人人自由，而以不侵人之自由为界。制裁者制此界也，服从者服此界也。故真自由之国民，其常要服从之点有三：一曰服从公理，二曰服从本群所自定之法律，三曰服从多数之决议。是故文明人最自由，野蛮人亦最自由，自由等也，而文野之别全在其有制裁力与否。无制裁之自由，群之贼也；有制裁之自由，群之宝也。童子未及年，不许享有自由权者，为其不能自治也，无制裁也。国民亦然，苟欲享有完全之自由权，不可不先组织巩固之自治制。而文明程度愈高者，其法律常愈繁密，而其服从法律之义务亦常愈严整，几于见有制裁不见有自由。而不知其一群之中，无一能侵他人自由之人，即无一被人侵我自由之人，是乃所谓真自由也。不然者，妄窃一二口头禅语，暴戾恣睢，不服公律，不顾公益，而漫然号于众曰吾自由也，则自由之祸，将烈于洪水猛兽矣。昔美国一度建设共和政体，其基础遂确乎不拔，日益发达，继长增高，以迄今日；法国则自一七八九年大革命以后，君民两党互起互仆，垂半世纪余，而至今民权之盛犹不及英、美者，则法兰西民族之制裁力，远出英吉利民族之下故也。然则自治之德不备，而徒漫言自由，是将欲急之反以缓之，将欲利之反以害之也。故自由与制裁二者，不唯不相悖而已，又乃相待而成，不可须臾离。言自由主义者，不可不于此三致意也！

其三　自信与虚心

自信力者，成就大业之原也。西哲有言曰："凡人皆立于所欲立之地，是故欲为豪杰则豪杰矣，欲为奴隶则奴隶矣。"孟子曰："自谓不能者，自贼者也。"又曰："自暴者不可与有言也，自弃者不可与有为也。"天下人固有识想与议论过绝寻常，而所行事不能有益于大局者，必其自信力不足者也。有初时持一宗旨，任一事业，及为外界毁誉之所刺激，或半途变更废止，不能达其目的地者，必其自信力不足者也。居今日之中国，上之不可不冲破二千年顽谬之学理，内之不可不鏖战四百兆群盲之习俗，外之不可不对抗五洲万国猛烈侵略、温柔笼络之方策，非有绝大之气魄，绝大之胆量，岂能于此四面楚歌中，打开一条血路，以导我国民于新世界者乎！

伊尹曰："余天民之先觉者也，余将以斯道觉斯民也，非余觉之而谁也？"

孟子曰："夫天未欲平治天下也，如欲平治天下，当今之世，舍我其谁也？"抑何其言之大而夸欤，自信则然耳！故我国民而自以为国权不能保，斯不能保矣；若人人以自信力奠定国权，强邻孰得而侮之！国民而自以为民权不能兴，斯不能兴矣；若人人以自信力奋争民权，民贼孰得而压之！而欲求国民全体之自信力，必先自志士各人之自信力始。

或问曰：吾见有顽锢之辈，抱持中国一二经典古义，谓可以攘斥外国陵轹全球者，若是者非其自信力乎？吾见有少年学子，摭拾一二新理新说，遂自以为足，废学高谈，目空一切者，若是者非其自信力乎？由前之说，则中国人中富于自信力者，莫如端王、刚毅；由后之说，则如格兰斯顿之耄而向学，奈端之自视欿然，非其自信力之有不足乎？曰：恶，是何言欤！自信与虚心，相反而相成者也。人之能有自信力者，必其气象阔大，其胆识雄远，既注定一目的地，则必求贯达之而后已。而当其始之求此目的地也，必校群长以择之；其继之行此目的地也，必集群力以图之。故愈自重者愈不敢轻薄天下人，愈坚忍者愈不敢易视天下事。海纳百川，经重致远，殆其势所必然也。彼故见自封一得自喜者，是表明其器小易盈之迹于天下。如河伯之见海若，终必望洋而气沮，如辽豕之到河东，卒乃怀惭而不前，未见其自信力之能全始全终者也。故自信与骄傲异：自信者常沉着，而骄傲者常浮扬；自信者在主权，而骄傲者在客气。故豪杰之士，其取于人者，常以三人行必有我师为心；其立于己者，常以百世俟圣而不惑为鹄。夫是之谓虚心之自信。

其四　利己与爱他

为我也，利己也，私也，中国古义以为恶德者也。是果恶德乎？曰：恶，是何言！天下之道德法律，未有不自利己而立者也。对于禽兽而倡自贵知类之义，则利己而已，而人类之所以能主宰世界者赖是焉；对于他族而倡爱国保种之义，则利己而已，而国民之所以能进步繁荣者赖是焉。故人而无利己之思想者，则必放弃其权利，弛掷其责任，而终至于无以自立。彼芸芸万类，平等竞存于天演界中，其能利己者必优而胜，其不能利己者必劣而败，此实有生之公例矣。西语曰："天助自助者。"故生人之大患，莫甚于不自助而望人之助我，不自利而欲人之利我。夫既谓人矣，则安有肯助我而利我者乎？又安有能助我而利我者乎？国不自强而望列国之为我保全，民不自治而望君相之为我兴革，若是者，皆缺利己之德而已。昔中国杨朱以为我立教，曰："人人不拔一毫，人人不利天下，天下治矣。"吾昔甚疑其言，甚恶其言，及解英、德诸国哲学大家之书，其所标名义与杨朱吻合者，不一而足，而其理论之完备，实有足以助人群之发达，进国民之文明者。盖西国政治之基础在于民权，而民权之巩固由于国民竞争权利寸步不肯稍让，即以人人不拔一毫之心，以自利者利天下。观于此，然后知中国人号称利己心重者，实则非真利己也。苟其真利己，何以他人剥夺己之权利，握制己之生命，而恬然安之，恬然让之，曾不以为意也。故今日不独发明墨翟之学足以救中国，即发明杨朱之学亦足以救中国。

问者曰：然则爱他之义可以吐弃乎？曰：是不然，利己心与爱他心，一而非二者也。近世哲学家谓人类皆有两种爱己心：一本来之爱己心，二变相之爱己心。变相之爱己心者，即爱他心是也。凡人不能以一身而独立于世界也，于是乎有群；其处于一群之中，而与俦侣共营生存也，势不能独享利益，而不顾俦侣之有害与否，苟或尔尔，则己之利未见而害先睹矣。故善能利己者，必先利其群，而后己之利亦从而进焉。以一家论，则我之家兴我必蒙其福，我之家替我必受其祸；以一国论，则国之强也，生长于其国者罔不强，国之亡也生长于其国者罔不亡。故真能爱己者，不得不推此心以爱家、爱国，不得不推此心以爱家人、爱国人，于是乎爱他之义生焉。凡所以爱他者，亦为我而已。故苟深明二者之异名同源，固不必侈谈兼爱以为名高，亦不必讳言为我以自欺蔽。但使举利己之实，自然成为爱他之行；充爱他之量，自然能收利己之效。

其五　破坏与成立

破坏亦可谓之德乎？破坏犹药也。药所以治病，无病而药则药之害莫大，有病而药则药之功莫大。故论药者不能泛论其性之良否，而必以其病之有无与病药二者相应与否，提而并论，然后药性可得而言焉。破坏本非德也，而无如往古来今之世界，其蒙垢积污之时常多，非时时摧陷廓清之，则不足以进步，于是而破坏之效力显焉。今日之中国，又积数千年之沉疴，合四百兆之痼疾，盘居膏肓，命在旦夕者也，非去其病，则一切调摄滋补荣卫之术，皆无所用，故破坏之药，遂成为今日第一要件，遂成为今日第一美德。世有深仁博爱之君子，惧破坏之剧且烈也，于是窃窃然欲补苴而幸免之。吾非不惧破坏，顾吾尤惧夫今日不破坏，而他日之破坏终不可免，且愈剧而愈烈也。故与其听彼自然之破坏而终不可救，毋宁加以人为之破坏而尚可有为。自然之破坏者，即以病致死之喻也；人为之破坏者，即以药攻病之喻也。故破坏主义之在今日，实万无可避者也。《书》曰："若药不瞑眩，厥疾不瘳。"西谚曰："文明者非徒购之以价值而已，又购之以苦痛。"破坏主义者，实冲破文明进步之阻力，扫荡魑魅魍魉之巢穴，而救国救种之下手第一著也。处今日而犹惮言破坏者，是毕竟保守之心盛，欲布新而不欲除旧，未见其能济者也。

破坏之与成立，非不相容乎？曰：是不然。与成立不相容者，自然之破坏也；与成立两相济者，人为之破坏也。吾辈所以汲汲然倡人为之破坏者，惧夫委心任运听其自腐自败，而将终无成立之望也，故不得不用破坏之手段以成立之。凡所以破坏者为成立也。故持破坏主义者，不可不先认此目的。苟不尔，则满朝奴颜婢膝之官吏，举国醉生梦死之人民，其力自足以任破坏之役而有余，又何用我辈之汲汲为也。故今日而言破坏，当以不忍人之心，行不得已之事。彼法国十八世纪末叶之破坏，所以造十九世纪近年之成立也，彼日本明治七八年以前之破坏，所以造明治二十三年以后之成立也。破坏乎，成立乎，一而二、二而一者也。虽然，天下事成难于登天，而败易于下海。故苟不案定目的，而唯以破坏为快心之具，为出气之端，恐不免为无成立之破坏。譬之药不治病，而徒以速死，将使天下人以药为诟，而此后讳疾忌医之风将益炽。是亦有志之士不可不戒者也！

结　论

呜呼！老朽者不足道矣。今日以天下自任而为天下人所属望者，实唯中国之少年。我少年既以其所研究之新理新说公诸天下，将以一洗数千年之旧毒，甘心为四万万人安坐以待亡国者之公敌，则必毋以新毒代旧毒，毋使敌我者得所口实，毋使旁观者转生大惑，毋使后来同志者反因我而生阻力。然则其道何由？亦曰知有合群之独立，则独立而不轧轹；知有制裁之自由，则自由而不乱暴；知有虚心之自信，则自信而不骄盈；知有爱他之利己，则利己而不偏私；知有成立之破坏，则破坏而不危险。所以治身之道在是，所以救国之道亦在是。天下大矣，前途远矣，行百里者半九十，是在少年！是在吾党！

　　是在吾党！

论 公 德

　　我国民所最缺者，公德其一端也。公德者何？人群之所以为群，国家之所以为国，赖此德焉以成立者也。人也者，善群之动物也（此西儒亚里士多德之言）。人而不群，禽兽奚择？而非徒空言高论曰群之群之，而遂能有功者也，必有一物焉贯注而联络之，然后群之实乃举。若此者谓之公德。

　　道德之本体一而已，但其发表于外，则公私之名立焉。人人独善其身者谓之私德，人人相善其群者谓之公德，二者皆人生所不可缺之具也。无私德则不能立，合无量数卑污虚伪残忍愚懦之人，无以为国也；无公德则不能团，虽有无量数束身自好、廉谨良愿之人，仍无以为国也。吾中国道德之发达，不可谓不早，虽然，偏于私德，而公德殆阙如。试观《论语》《孟子》诸书，吾国民之木铎，而道德所从出者也。其中所教，私德居十之九，而公德不及其一焉。如《皋陶谟》之九德，《洪范》之三德，《论语》所谓"温良恭俭让"，所谓"克己复礼"，所谓"忠信笃敬"，所谓"寡尤寡悔"，所谓"刚毅木讷"，所谓"知命知言"，《大学》所谓"知止、慎独"，"戒欺、求慊"，《中庸》所谓"好学、力行、知耻"，所谓"戒慎恐惧"，所谓"致曲"，《孟子》所谓"存心养性"，所谓"反身强恕"，凡此之类。关于私德者，发挥几无余蕴，于养成私人（私人者对于公人言，谓一个人不与他人交涉之时也。）之资格，庶乎备矣。虽然，仅有私人之资格，遂足为完全人格乎？是固不能。今试以中国旧伦理与泰西新伦理相比较：旧伦理之分类，曰君臣，曰父子，曰兄弟，曰夫妇，曰朋友；新伦理之分类，曰家族伦理，曰社会（即人群）伦理，曰国家伦理。旧伦理所重者，则一私人对于一私人之事也。（一私人之独善其身，固属于私德之范围；即一私人与他私人交涉之道义，仍属于私德之范围也。此可以法律上公法、私法之范围证明之。）新伦理所重者，则一私人对于一团体之事也。（以新伦理之分类，归纳旧伦理，则关于家族伦理者三：父子也，兄弟也，夫妇也；关于社会伦理者一：朋友也；关于国家伦理者一：君臣也。然朋友一伦，决不足以尽社会伦理；君臣一伦，尤不足以尽国家伦理。何也？凡人对于社会之义务，决不徒在相知之朋友而已，即绝迹不与人交者，仍于社会上有不可不尽之责任。至国家者，尤非君臣所能专有，若仅言君臣之义，则使以礼，事以忠，全属两个私人感恩效力之事耳，于大体无关也，将所谓逸民不事王侯者，岂不在此伦范围之外乎？夫人必备此三伦理之义务，然后人格乃成。若中国之五伦，则唯于家族伦理稍为完整，至社会、国家伦理，不备滋多。此缺憾之必当补者也，皆由重私德轻公德所生之结果也。）夫一私人之所以自处，与一私人之对于他私人，其间必贵有道德者存，此奚待言！虽然，此道德之一部分，而非其全体也。全体者，合公私而兼善之者也。

私德公德，本并行不悖者也。然提倡之者既有所偏，其末流或遂至相妨。若微生亩讥孔子以为佞，公孙丑疑孟子以好辩，此外道浅学之徒，其不知公德，不待言矣；而大圣达哲，亦往往不免。吾今固不欲摭拾古人片言只语有为而发者，拽之以相诟病。要之，吾中国数千年来，束身寡过主义，实为德育之中心点。范围既日缩日小，其间有言论行事，出此范围外，欲为本群本国之公利公益有所尽力者，彼曲士贱儒，动辄援"不在其位，不谋其政"

等偏义，以非笑之挤排之。谬种流传，习非胜是，而国民益不复知公德为何物。今夫人之生息于一群也，安享其本群之权利，即有当尽于其本群之义务；苟不尔者，则直为群之蠹而已。彼持束身寡过主义者，以为吾虽无益于群，亦无害于群，庸讵知无益之即为害乎！何则？群有以益我，而我无以益群，是我逋群之负而不偿也。

夫一私人与他私人交涉，而逋其所应偿之负，于私德必为罪矣，谓其害之将及于他人也。而逋群负者，乃反得冒善人之名，何也？使一群之人，皆相率而逋焉，彼一群之血本，能有几何？而此无穷之债客，日夜蠹蚀之而瓜分之，有消耗，无增补，何可长也？然则其群必为逋负者所拽倒，与私人之受累者同一结果，此理势之所必然矣。今吾中国所以日即衰落者，岂有他哉？束身寡过之善士太多，享权利而不尽义务，人人视其所负于群者如无有焉。人虽多，曾不能为群之利，而反为群之累，夫安得不日蹙也？

父母之于子也，生之育之，保之教之，故为子者有报父母恩之义务。人人尽此义务，则子愈多者，父母愈顺，家族愈昌；反是则为家之索矣。故子而逋父母之负者，谓之不孝，此私德上第一大义，尽人能知者也。群之于人也，国家之于国民也，其恩与父母同。盖无群无国，则吾性命财产无所托，智慧能力无所附，而此身将不可以一日立于天地。故报群报国之义务，有血气者所同具也。苟放弃此责任者，无论其私德上为善人为恶人，而皆为群与国之蟊贼。譬诸家有十子，或披剃出家，或博弈饮酒，虽一则求道，一则无赖，其善恶之性质迥殊，要之不顾父母之养，为名教罪人则一也。明乎此义，则凡独善其身以自足者，实与不孝同科。案公德以审判之，虽谓其对于本群而犯大逆不道之罪，亦不为过。

　　某说部寓言，有官吏死而冥王案治其罪者，其魂曰："吾无罪，吾做官甚廉。"冥王曰："立木偶于庭，并水不饮，不更胜君乎！于廉之外一无所闻，是即君之罪也。"遂炮烙之。欲以束身寡过为独一无二之善德者，不自知其已陷于此律而不容赦也。近世官箴，最脍炙人口者三字，曰清、慎、勤。夫清、慎、勤岂非私德之高尚者耶？虽然，彼官吏者受一群之委托而治事者也，既有本身对于群之义务，复有对于委托者之义务，曾是清、慎、勤三字，遂足以塞此两重责任乎？此皆由知有私德，不知有公德。故政治之不进，国华之日替，皆此之由。彼官吏之立于公人地位者且然，而民间一私人更无论也。我国民中无一人视国事如己事者，皆公德之大义未有发明故也。

　　且论者亦知道德所由起乎？道德之立，所以利群也。故因其群文野之差等，而其所适宜之道德亦往往不同，而要之以能固其群、善其群、进其群者为归。夫英国宪法，以侵犯君主者为大逆不道（各君主国皆然）；法国宪法，以谋立君主者为大逆不道；美国宪法，乃至以妄立贵爵名号者为大逆不道（凡违宪者皆大逆不道也）。其道德之外形相反如此，至其精神则一也。一者何？曰为一群之公益而已。乃至古代野蛮之人，或以妇女公有为道德，（一群中之妇女为一群中之男子所公有物，无婚姻之制也。古代斯巴达尚不脱此风。）或以奴隶非人为道德，（视奴隶不以人类，古贤柏拉图、阿里士多德皆不以为非；南北美战争以前，欧美人尚不以此事为恶德也。）而今世哲学家，犹不能谓其非道德。盖以彼当时之情状，所以利群者，唯此为宜也。然则道德之精神，未有不自一群之利益而生者；苟反于此精神，虽至善者，时或变为至恶矣。（如自由之制，在今日为至美，然移之于野蛮未开之群，则为至恶；专制之治，在古代为至美，然移之于文明开化之群，则为至恶。

是其例证也。）是故公德者，诸国之源也，有益于群者为善，无益于群者为恶，（无益而有害者，为大恶，无害亦无益者为小恶。）此理放诸四海而准，俟诸百世而不惑者也。至其道德之外形，则随其群之进步以为比例差，群之文野不同，则其所以为利益者不同，而其所以为道德者亦自不同。德也者，非一成而不变者也，（吾此言颇骇俗，但所言者德之条理，非德之本原，其本原固亘万古而无变者也。读者幸勿误会。本原唯何？亦曰利群而已。）非数，千年前之古人所能立一定格式以范围天下万世者也。（私德之条目，变迁较少；公德之条目，变迁尤多。）然则吾辈生于此群，生于此群之今日，宜纵观宇内之大势，静察吾族之所宜，而发明一种新道德，以求所以固吾群、善吾群、进吾群之道；未可以前王先哲所罕言者，遂以自画而不敢进也。知有公德，而新道德出焉矣，而新民出焉矣。（今世士夫谈维新者，诸事皆敢言新，唯不敢言新道德，此由学界之奴性未去，爱群、爱国、爱真理之心未诚也。盖以为道德者，日月经天，江河行地，自无始以来，不增不减，先圣昔贤，尽揭其奥，以诏后人，安有所谓新焉旧焉者？殊不知道德之为物，由于天然者半，由于人事者亦半，有发达有进步，一循天演之大例。前哲不生于今日，安能制定悉合今日之道德？使孔孟复起，其不能不有所损益也亦明矣。今日正当过渡时代，青黄不接。前哲深微之义，或湮没而未彰，而流俗相传简单之道德，势不足以范围今后之人心，且将有厌其陈腐而一切吐弃之者。吐弃陈腐，犹可言也；若并道德而吐弃，则横流之祸，曷其有极！今此祸已见端矣。老师宿儒或忧之，劬劬焉欲持宋元之余论，以遏其流，岂知优胜劣败，固无可逃，捧抔土以塞孟津，沃杯水以救薪水，虽竭吾才，岂有当焉！苟不及今急急斟酌古今中外，发明一种新道德者而提倡之，吾恐今后智育愈盛，则德育愈衰，泰西物质文明尽输入中国，而四万万人且相率而为禽兽也。呜呼！道德革命之论，吾知必为举国之所诟病。顾吾特恨吾才之不逮耳；若夫与一世之流俗人挑战决斗，吾所不惧，吾所不辞。世有以热诚之心爱群、爱国、爱真理者乎？吾愿为之执鞭，以研究此问题也。）公德之大目的，既在利群，而万千条理即由是生焉。本论以后各子目，殆皆可以"利群"二字为纲，以一贯之者也。故本节但论公德之急务，而实行此公德之方法，则别著于下方。

论 自 由

"不自由毋宁死！"斯语也，实十八九两世纪中，欧美诸国民所以立国之本原也。

自由之义，适用于今日之中国乎？曰：自由者，天下之公理，人生之要具，无往而不适用者也。虽然，有真自由，有伪自由，有全自由，有偏自由，有文明之自由，有野蛮之自由。今日自由云自由云之语，已渐成青年辈之口头禅矣。新民子曰：我国民如欲永享完全文明真自由之福也，不可不先知自由之为物果何如矣。请论自由。

自由者，奴隶之对待也。综观欧、美自由发达史，其所争者不出四端：一曰政治上之自由，二曰宗教上之自由，三曰民族上之自由，四曰生计上之自由（即日本所谓经济上自由）。政治上之自由者，人民对于政府而保其自由也。宗教上之自由者，教徒对于教会而保其自由也。民族上之自由者，本国对于外国而保其自由也。生计上之自由者，资本家与劳力者相互而保其自由也。而政治上之自由，复分为三：一曰平民对于贵族而保其自由，二曰国民全体对于政府而保其自由，三曰殖民地对于母国而保其自由是也。自由之征诸实行者，不外是矣。

以此精神，其所造出之结果，厥有六端：（一）四民平等问题：凡一国之中，无论何人不许有特权（特别之权利与齐民异者），是平民对于贵族所争得之自由也。（二）参政权问题：凡生息于一国中者，苟及岁而即有公民之资格，可以参与一国政事，是国民全体对于政府所争得之自由也。（三）属地自治问题：凡人民自殖于他土者，得任意自建政府，与其在本国时所享之权利相等，是殖民地对于母国所争得之自由也。（四）信仰问题：人民欲信何教，悉由自择，政府不得以国教束缚干涉之，是教徒对于教会所争得之自由也。（五）民族建国问题：一国之人，聚族而居，自立自治，不许他国若他族握其主权，并不许干涉其毫末之内治，侵夺其尺寸之土地，是本国人对于外国所争得之自由也。（六）工群问题（日本谓之劳动问题或社会问题）：凡劳力者，自食其力，地主与资本家，不得以奴隶畜之，是贫民对于素封者所争得之自由也。试通览近世三四百年之史记，其智者敝口舌于庙堂，其勇者涂肝脑于原野，前者仆，后者兴，屡败而不悔，弗获而不措者，其所争岂不以此数端耶？其所得岂不在此数端耶？试一述其崖略：

　　昔在希腊、罗马之初政，凡百设施，谋及庶人。共和自治之制，发达盖古。然希腊纯然贵族政体，所谓公民者，不过国民中一小部分，而其余农、工、商及奴隶，非能一视也。罗马所谓公民，不过其都会中之拉丁民族，而其攻取所得之属地也，非能一视也。故政治上之自由，虽远滥觞于希、罗，然贵族之对平民也，母国之对属地也，本国人之对外国也，地主之对劳力者也，其种种侵夺自由之弊，亦自古然矣。及耶稣教兴，罗马帝国立，而宗教专制、政治专制乃大起。中世之始，蛮族猖披，文化蹂躏，不待言矣。及其末也，则罗马皇帝与罗马教皇，分司全欧人民之躯壳、灵魂两界，生息于肘下而不能自拔。故中世史者，实泰西之黑暗时代也。及十四五世纪以来，马丁·路德兴，一抉旧教藩篱，思想自由之门开，而新天地始出现矣。尔后两三百年中，列国或内争，或外伐，原野餍肉，溪谷填血，天日惨淡，神鬼苍黄，皆为此一事而已。此为争宗教自由时代。及十七世纪，格林威尔起于英；十八世纪，华盛顿兴于美；未几而法国大革命起，狂风怒潮，震撼全欧。列国继之，云滃水涌，遂使地中海以西，亘于太平洋东岸，无一不为立宪之国，加拿大、澳洲诸殖民地，无一不为自治之政，直至今日，而其机未止。此为争政治自由时代。自十六世纪，荷兰人求脱西班牙之轭，奋战四十余年，其后诸国踵兴，至十九世纪，而民族主义磅礴于大地。

意大利、匈牙利之于奥地利，爱尔兰之于英伦，波兰之于俄、普、奥三国，巴干半岛诸国之于土耳其，以至现今波亚之于英，菲律宾之于美，所以死亡相踵而不悔者，皆曰"非我种族不得有我主权"而已。虽其所向之目的，或达或不达，而其精神一也。此为争民族自由时代。（民族自由与否，大半原于政治，故此二者其界限常相混。）前世纪（十九）以来，美国布禁奴之令，俄国废农佣之制，生计界大受影响。而廿卅年来，同盟罢工之事，所在纷起，工厂条例，陆续发布，自今以往，此问题遂将为全地球第一大案。此为争生计自由时代。凡此诸端，皆泰西四百年来改革进步之大端，而其所欲以去者，亦十之八九矣。噫嘻！是遵何道哉？皆"不自由毋宁死"之一语，耸动之，鼓舞之，出诸壤而升诸霄，生其死而肉其骨也。於戏！璀璨哉，自由之花！於戏！庄严哉，自由之神！

……

由此观之，数百年来世界之大事，何一非以"自由"二字为之原动力者耶？彼民之求此自由也，其时不同，其国不同，其所需之种类不同，故其所来者亦往往不同，要其用诸实事而非虚谈，施诸公敌而非私利一也。试以前所列之六大问题，复按诸中国，其第一条四民平等问题，中国无有也，以自吾战国以来，即废世卿之制，而阶级陋习，早已消灭也。其第三条属地自治问题，中国无有也，以其无殖民地于境外也。其第四条信仰问题，中国更无有也，以吾国非宗教国，数千年无教争也。其第六条工群问题，他日或有之，而今则尚无有也，以其生计界尚沉滞，而竞争不剧烈也。然则今日吾中国所最急者，唯第二之参政问题，与第四之民族建国问题而已。此二者事本同源，苟得其乙，则甲不求而自来；苟得其甲，则乙虽弗获犹无害也。若是夫吾侪之所谓自由，与其所以求自由之道，可以见矣。

自由之界说曰："人人自由，而以不侵人之自由为界。"

夫既不许侵人自由，则其不自由亦甚矣。而顾谓此为自由之极则者何也？自由云者，团体之自由，非个人之自由也。野蛮时代，个人之自由胜，而团体之自由亡；文明时代，团体之自由强，而个人之自由减。斯二者盖有一定之比例，而分毫不容忒者焉。使其以个人之自由为自由也，则天下享自由之福者，宜莫今日之中国人若也。绅士武断于乡曲，受鱼肉者莫能抗也；驵商逋债而不偿，受欺骗者莫能责也。夫人人皆可以为绅士，人人皆可以为驵商，则人人之自由亦甚矣。不宁唯是，首善之区，而男妇以官道为圊牏，何其自由也！市邑之间，而老稚以鸦片为菽粟，何其自由也！若在文明国，轻则罚锾，重则输城旦矣。诸类此者，若悉数之，则更仆而不能尽。由是言之，中国人自由乎，他国人自由乎？顾识者揭橥自由之国，不于此而于彼者何也？野蛮自由，正文明自由之蟊贼也。文明自由者，自由于法律之下，其一举一动，如机器之节腠，其一进一退，如军队之步武。自野蛮人视之，则以为天下之不自由，莫此甚也。夫其所以必若是者何也？天下未有内不自整，而能与外为竞者。外界之竞争无已时，则内界之所以团其竞争之具者，亦无已时。使滥用其自由，而侵他人之自由焉，而侵团体之自由焉，则其群固已不克自立，而将为他群之奴隶，夫复何自由之能儿也？故真自由者必能服从。服从者何？服法律也。法律者，我所制定之，以保护我自由，而亦以钳束我自由者也。彼英人是已。天下民族中，最富于服从性质者莫如英人，其最享自由幸福者亦莫如英人。夫安知乎服从之即为自由母也。嗟夫！今世少年，莫不嚣嚣言自由矣，其言之者，固自谓有文明思想矣，曾不审夫泰西之所谓自由者，在前此之诸大问题，无一役非为团体公益计，而决非一私人之放恣桀骜者所可托以藏身也。今不用之向上以求宪法，不用之排外以伸国权，而徒耳食一二学说之半面，取便私图，破坏公德，自返于野蛮之野蛮，有规语之者，犹敢觍然抗说曰："吾自由，吾自由。"吾甚惧乎"自由"二字，不徒为专制党之口实，而实为中国前途之公敌也！

"爱"主义者，天下之良主义也。有人于此，汲汲务爱己，而曰我实行爱主义可乎？"利"主义者，天下之良主义也。有人于此，孳孳务利己，而曰我实行利主义可乎？"乐"主义者，亦天下之良主义也，有人于此，媞媞务乐己，而曰我实行乐主义可乎？故凡古贤今哲之标一宗旨以易天下者，皆非为一私人计也。身与群校，群大身小，诎身伸群，人治之大经也。当其二者不兼之际，往往不爱己、不利己、不乐己，以达其爱群、利群、乐群之实者有焉矣。佛言："我不入地狱，谁入地狱？"佛之说法，岂非欲使众生脱离地狱者耶？而其下手必自亲入地狱始。若是乎有志之士，其必悴其形焉，因衡其心焉，终身自栖息于不自由之天地，然后能举其所爱之群与国而自由之也明矣。今世之言自由者，不务所以进其群、其国于自由之道，而唯于薄物细故、日用饮食，断断然主张一己之自由，是何异箪豆见色，而曰我通功利派之哲学；饮博无赖，而曰我循快乐派之伦理也。《战国策》言"有学儒三年，归而名其母者"。吾见夫误解自由之义者，有类于是焉矣。

然则自由之义，竟不可行于个人乎？曰：恶，是何言！团体自由者，个人自由之积也。人不能离团体而自生存，团体不保其自由，则将有他团焉自外而侵之、压之、夺之，则个人之自由更何有也！譬之一身，任口之自由也，不择物而食焉，大病浸起，而口所固有之自由亦失矣；任手之自由也，持梃而杀人焉，大罚浸至，而手所固有之自由亦失矣。故夫一饮一食、一举一动，而皆若节制之师者，正百体所以各永保其自由之道也，此尤其与他人他体相交涉者。吾请更言一身自由之事。

一身自由云者，我之自由也。虽然，人莫不有两我焉：其一，与众生对待之我，昂昂七尺立人间者是也；其二，则与七尺对待之我，莹莹一点存于灵台者是也。[孟子曰："物交物，则引之而已矣。"物者，我之对待也。上物指众生，下物指七尺（即耳目之官），要之皆物而非我也。我者何？心之官是已。先立乎其大者，则其小者不能夺也。唯我为大，而两界之物皆小也。小不夺大，则自由之极轨焉矣。]是故人之奴隶我，不足畏也，而莫痛于自奴隶于人；自奴隶于人，犹不足畏也，而莫惨于我奴隶于我。庄子曰："哀莫大于心死，而身死次之。"吾亦曰：辱莫大于心奴，而身奴斯为末矣。夫人强迫我以为奴隶者，吾不乐焉，可以一旦起而脱其绊也，十九世纪各国之民变是也。以身奴隶于人者，他人或触于慈祥焉，或迫于正义焉，犹可以出我水火而苏之也，美国之放黑奴是也。独至心中之奴隶，其成立也，非由他力之所得加；其解脱也，亦非由他力之所得助。如蚕在茧，著著自缚；如膏在釜，日日自煎。若有欲求真自由者乎，其必自除心中之奴隶始。

　　吾请言心奴隶之种类，而次论所以除之之道。

　　一曰，勿为古人之奴隶也。古圣贤也，古豪杰也，皆尝有大功德于一群，我辈爱而敬之宜也。虽然，古人自古人，我自我。彼古人之所以能为圣贤、为豪杰者，岂不以其能自有我乎哉？使不尔者，则有先圣无后圣，有一杰无再杰矣。譬诸孔子诵法尧舜，我辈诵法孔子，曾亦思孔子所以能为孔子，彼盖有立于尧舜之外者也。使孔子而为尧舜之奴隶，则百世后必无复有孔子者存也。闻者骇吾言乎？盍思乎世运者进而愈上，人智者浚而愈莹。虽有大哲，亦不过说法以匡一时之弊，规当世之利，而决不足以范围千百万年以后之人也。泰西之有景教也，其在中古，曷尝不为一世文明之中心点；逮夫末流，束缚驰骤，不胜其敝矣。非有路得、培根、笛卡儿、康德、达尔文、弥勒、赫胥黎诸贤，起而附益之、匡救之，夫彼中安得有今日也！中国不然，于古人之言论行事，非唯辨难之辞不敢出于口，抑且怀疑之念不敢萌于心。夫心固我有也，听一言，受一义，而曰我思之、我思之，若者我信之，若者我疑之，夫岂有刑戮之在其后也？然而举世之人，莫敢出此。吾无以譬之，譬之义和团。义和团法师之被发、仗剑、踯步、念念有词也，听者苟一用其思索焉，则其中自必有可疑者存。而信之者竟遍数省，是必其有所慑焉，而不敢涉他想者矣；否则有所假焉，自欺欺人以逞其狐威者矣。要之为奴隶于义和团一也。吾为此譬，非敢以古人比义和团也，要之四书六经之义理，其非一一可以适于今日之用，则虽临我以刀锯鼎镬，吾犹敢断言而不惮也。而世之委身以嫁古人，为之荐枕席而奉箕帚者，吾不知其与彼义和团之信徒果何择也。我有耳目，我物我格；我有心思，我理我穷。高高山顶立，深深海底行。其于古人也，吾时而师之，时而友之，时而敌之，无容心焉，以公理为衡而已。自由何如也！

二曰，勿为世俗之奴隶也。甚矣人性之弱也！"城中好高髻，四方高一尺；城中好广袖，四方全幅帛。"古人夫既谣之矣。然曰乡愚无知，犹可言也；至所谓士君子者，殆又甚焉。当晚明时，举国言心学，全学界皆野狐矣；当乾嘉间，举国言考证，全学界皆蠹鱼类。然曰岁月渐迁，犹可言也；至如近数年来，丁戊之间，举国慕西学若膻，己庚之间，举国避西学若厉，今则厉又为膻矣。夫同一人也，同一学也，而数年间可以变异若此，无他，俯仰随人，不自由耳。吾见有为猴戏者，跳焉则群猴跳，掷焉则群猴掷，舞焉则群猴舞，笑焉则群猴笑，哄焉则群猴阅，怒焉则群猴骂。谚曰："一犬吠影，百犬吠声。"悲哉！人秉天地清淑之气以生，所以异于群动者安在乎？胡自污蔑以与猴犬为伦也！夫能铸造新时代者上也，即不能而不为旧时代所吞噬所汩沉，抑其次也。狂澜滔滔，一柱屹立，醉乡梦梦，灵台昭然，丈夫之事也。自由何如也！

三曰，勿为境遇之奴隶也。人以一身立于物竞界，凡境遇之围绕吾旁者，皆日夜与吾相为斗而未尝息者也。故战境遇而胜之者则立，不战而为境遇所压者则亡。若是者，亦名曰天行之奴隶。天行之虐，逞于一群者有然，逞于一人者亦有然。谋国者而安于境遇也，则美利坚可无独立之战，匈牙利可无自治之师，日耳曼、意大利可以长此华离破碎，为虎狼奥之附庸也。使谋身者而安于境遇也，则贱族之的士礼立（英前宰相，与格兰斯顿齐名者，本犹太人。犹太人在英，视为最贱之族。）何敢望挫俄之伟勋；蛋儿之林肯（前美国大统领，渔人子也，少极贫。）何敢企放奴之大业；而西乡隆盛当以患难易节，玛志尼当以窜谪灰心也。吾见今日所谓识时之彦者，开口辄曰：

阳九之厄，劫灰之运，天亡中国，无可如何。其所以自处者，非贫贱而移，则富贵而淫，其最上者遇威武而亦屈也。一事之挫跌，一时之潦倒，而前此权奇磊落、不可一世之概，消磨尽矣。咄！此区区者果何物，而顾使之操纵我心如转蓬哉？善夫，《墨子·非命》之言也，曰："执有命者，是覆天下之义，而说百姓之谇也。"天下善言命者，莫中国人若，而一国之人，奄奄待死矣。有力不庸，而唯命是从，然则人也者，亦天行之刍狗而已，自动之机器而已，曾无一毫自主之权，可以达己之所志，则人之生也，奚为哉？奚乐哉？英儒赫胥黎曰："今者欲治道之有功，非与天争胜焉不可也。固将沉毅用壮，见大丈夫之锋颖，强立不反，可争可取而不可降。所遇善，固将宝而维之；所遇不善，亦无懂焉。"陆象山曰："利害毁誉，称讥苦乐，名曰八风。八风不动，入三摩地。"邵尧夫之诗曰："卷舒一代兴亡手，出入千重云水身。"眇兹境遇，曾不足以损豪杰之一脚趾，而岂将入其笼也？自由何如也！

　　四曰，勿为情欲之奴隶也。人之丧其心也，岂由他人哉？孟子曰："向为身死而不受，今为宫室之美，妻妾之奉，所识穷乏者得我而为之，是亦不可以已乎？"夫诚可以已，而能已之者百无一焉，甚矣情欲之毒人深也！古人有言：心为形役。形而为役，犹可愈也；心而为役，将奈之何？心役于他，犹可拔也；心役于形，将奈之何？形无一日而不与心为缘，则将终其生趑趄瑟缩于六根六尘之下，而自由权之萌蘖俱断矣。吾常见有少年岳岳荦荦之士，志愿才气，皆可以开拓千古，推倒一时，乃阅数年而馁焉，更阅数年而益馁焉。无他，凡有过人之才者，必有过人之欲；有过人之才，有过人之欲，而无过人之道德心以自主之，则其才正为其欲之奴隶，曾几何时，而消磨尽矣。

故夫泰西近数百年，其演出惊天动地之大事业者，往往在有宗教思想之人。夫迷信于宗教而为之奴隶，固非足贵；然其借此以克制情欲，使吾心不为顽躯浊壳之所困，然后有以独往独来，其得力固不可诬也。日本维新之役，其倡之成之者，非有得于王学，即有得于禅宗。其在中国近世，勋名赫赫在人耳目者，莫如曾文正。试一读其全集，观其困知勉行、厉志克己之功何如？天下固未有无所养而能定大艰成大业者。不然，日日恣言曰：吾自由吾自由，而实为五贼（佛典亦以五贼名五官）所驱遣，劳苦奔走以借之兵而赍其粮耳，吾不知所谓自由者何在也？孔子曰："克己复礼为仁。"己者对于众生称为己，亦即对于本心而称为物者也。所克者己，而克之者又一己，以己克己，谓之自胜，自胜之谓强。自胜焉，强焉，其自由何如也！

吁！自由之义，泰西古今哲人，著书数十万言剖析之，犹不能尽也。浅学如余，而欲以区区片言单语发明之，乌知其可？虽然，精义大理，当世学者，既略有述焉。吾故就团体自由、个人自由两义，刺取其浅近直接者，演之以献于我学界。世有爱自由者乎，其慎勿毒自由以毒天下也！

论 进 步

泰西某说部，载有西人初航中国者，闻罗盘针之术之传自中国也，又闻中国二千年前即有之也，默忖此物入泰西，不过数纪，而改良如彼其屡，效用如彼其广，则夫母国数千年之所增长，当更何若，登岸后不遑他事，先入市购一具，乃问其所谓最新式者，则与历史读本中载十二世纪阿拉伯人传来之罗盘图，无累黍之异，其人乃废然而返云。此虽讽刺之寓言，实则描写中国群治濡滞之状，谈言微中矣。

吾昔读黄公度《日本国志》，好之，以为据此可以尽知东瀛新国之情状矣。入都见日使矢野龙谿，偶论及之，龙谿曰："是无异据明史以言今日中国之时局也。"余怫然，叩其说。龙谿曰："黄书成于明治十四年，我国自维新以来，每十年间之进步，虽前此百年不如也，然则二十五年前之书，非明史之类如何？"吾当时犹疑其言，东游以来，证以所见，良信。亚当·斯密《原富》称元代时有意大利人玛可波罗游支那，归而著书，述其国情，以较今人游记，殆无少异。吾以为岂唯玛氏之作，即《史记》《汉书》两千年旧籍，其所记载，与今日相去能几何载，夫同在东亚之地，同为黄族之民，而何以一进一不进，霄壤若此。

中国人动言郅治之世在古昔，而近世则为浇末为叔季。此义与泰西哲学家进化之论最相反。虽然，非谰言，中国之现状实然也。试观战国时代，学术蜂起，或明哲理，或阐技术，而后此则无有也；两汉时代，治具粲然，宰相有责任，地方有乡官，而后此则无有也。自余百端，类此者不可枚举。夫进化者天地之公例也，譬之流水，性必就下，譬之抛物，势必向心，苟非有他人焉从而搏之，有他物焉从而吸之，则未有易其故常者。然则吾中国之反于彼进化之大例而演出此凝滞之现象者，殆必有故。求得其故而讨论焉，则知病，而药于是乎在矣。

论者必曰：由于保守性质之太强也。是固然也。虽然，吾中国人保守性质，何以独强，是亦一未解决之问题也；且英国人以善保守闻于天下，而万国进步之速，殆莫英若，又安见夫保守之必为群害也。吾思之，吾重思之，其原因之出于天然者有二，由于人事者有三。

一曰大一统而竞争绝也。竞争为进化之母，此义殆既成铁案矣。泰西当希腊列国之时，政学皆称极盛，洎罗马分裂，散为诸国，复成近世之治，以迄于今，皆竞争之明效也。夫列国并立，不竞争则无以自存。其所竞者，非徒在国家也，而兼在个人，非徒在强力也，而尤在德智。分途并趋，人自为战，而进化遂沛然莫之能御。故夫一国有新式枪炮出，则他国弃其旧者恐后焉，非是不足以操胜于疆场也；一厂有新式机器出，则他厂亦弃其旧者恐后焉，非是不足以求赢于阛阓也。唯其然也，故不徒耻下人，时常求上人。昨日乙优于甲，今日丙驾于乙，明日甲胜丙，互相傲，互相妒，互相师，如赛马然，如斗走然，如竞漕然，有横于前，则后焉者自不敢不勉，有蹑于后，则前焉者亦不敢即安，此实进步之原动力所由生也。中国唯春秋战国数百年间，分立之运最久，而群治之进，实以彼时为极点。自秦以后，一统局成，而为退化之状者，千余年于今矣。岂有他哉，竞争力销乏使然也。

二曰环蛮族而交通难也。凡一社会与他社会相接触，则必产出新现象，而文明遂进一步，上古之希腊殖民，近世之十字军东征，皆其成例也。然则统一非必为进步之障也，使统一之于内，而交通之于外，则其飞跃或有更速者也。中国环列皆小蛮夷，其文明程度，无一不下我数等，一与相遇，如汤沃雪，纵横四顾，常觉有上天下地唯我独尊之概，始而自信，继而自大，终而自画。至于自画，而进步之途绝矣。不宁唯是，所谓诸蛮族者，常以其水草之性，来破坏我文明，于是所以抵抗之者，莫急于保守我所固有，中原文献，汉官威仪，实我黄族数千年来战胜群裔之精神也。夫外之既无可师法以为损益之资，内之复不可不兢兢保持以为自守工具，则其长此终古也亦宜。

以上由于天然者。

三曰言文分而人智局也。文字为发明道器第一要件，其繁简难易，常与民族文明程度之高下为比例差。列国文字，皆起于衍形，及其进也，则变而衍声。夫人类之语言，递相差异，经千数百年后，而必大远于其朔者，势使然也。故衍声之国，言文常可以相合；衍形之国，言文必日以相离。社会之变迁日繁，其新现象、新名词必日出，或从积累而得，或从交换而来，故数千年前一乡一国之文字，必不能举数千年后万流汇沓群族纷挐时代之名物意境而尽载之尽描之，此无可如何者也。言文合，则言增而文与之俱增，一新名物新意境出，而即有一新文字以应之，新新相引，而日进焉。言文分，则言日增而文不增，或受其新者而不能解，或解矣而不能达，故虽有方新之机，亦不得不窒。其为害一也。言文合，则但能通今文者，已可得普通之知识，其古文之学，如泰西之希腊罗马文字。待诸专门名家者之讨求而已，故能操语者即能读书，而人生必需之常识，可以普及。言文分，则非多读古书、通古义，不足以语于学问，故近数百年来学者，往往瘁毕生精力于说文尔雅之学，无余裕以从事于实用，夫亦有不得不然者也，其为害二也。且言文合而主衍声者，识其二三十之字母，通其连缀之法，则望文而可得其音，闻音而可解其义。言文分而主衍形者，则仓颉篇三千字，斯为字母者三千，说文九千字，斯为字母者九千，康熙字典四万字，斯为字母者四万。夫学二三十之字母，与学三千、九千、四万之字母，其难易相去何如。故泰西、日本妇孺可以操笔札，车夫可以读新闻，而吾中国或有就学十年，而冬烘之头脑如故也，其为害三也。夫群治之进，非一人所能为也，相摩而迁善，相引而弥长，得一二之特识者，不如得百千万亿之常识者，其力逾大而效逾彰也。我国民既不得不疲精力以学难学之文字，学成者固不及什一，即成矣，而犹于当世应用之新事物新学理，多所隔阂，此性灵之浚发所以不锐，而思想之传播所以独迟也。

四曰专制久而民性漓也。天生人而赋之以权利，且赋之以扩充此权利之知识，保护此权利之能力。故听民之自由焉、自治焉，则群治必蒸蒸日上；有桎梏之、戕贼之者，始焉窒其生机，继焉失其本性，而人道乃几乎息矣。故当野蛮时代，团体未固，人智未完，有一二豪杰起而代其责任其劳，群之利也过是以往，久假不归，则利岂足以偿其弊哉。譬之一家一廛之中，家长之待其子，廛主之待其伴佣，皆各还其权利而不相侵，自能各勉其义务而不相佚，如是而不浮焉以兴，吾未之闻也。不然者，役之如奴隶，防之如盗贼，则彼亦以奴隶盗贼自居，有可以自逸可以自利者，虽牺牲其家其廛之公益以为之所不辞也，如是而不萎焉以衰，吾未之闻也。故夫中国群治不进，由人民不顾公益使然也；人民不顾公益，由自居于奴隶盗贼使然也；其居于奴隶盗贼，由霸者私天下为一姓之产而奴隶盗贼吾民使然也。善夫立宪国之政党政治也，彼其党人，固非必皆秉公心禀公德也，固未尝不自为私名私利计也；虽然，专制国之求势利者，则媚于一人，立宪国之求势利者，则媚于庶人，媚一也，而民益之进不进，于此判焉。政党之治，凡国必有两党以上，其一在朝，其他在野，在野党欲倾在朝党而代之也，于是自布其政策，以抨击在朝党之政策曰，使吾党得政，则吾所施设者如是如是，某事为民除公害、某事为民增公益，民悦之也，而得占多数于议院，而果与前此之在朝党易位，则不得不实行其所布之政策，以副民望而保大权，而群治进一级焉矣。前此之在朝党，既幡而在野，欲恢复其已失之权力也，又不得不勤察民隐，悉心布画，求更新更美之政策而布之曰，彼党之所谓除公害增公益者，犹未尽也，使吾党而再为之，则将如是如是，然后国家之前途愈益向上。民悦之也，而复占多数于议院，复与代兴之在朝党易位，而亦不得不实行其所布之政策，以副民望而保大权，而群治又进一级焉矣。如是相竞相轧，相增相长，以至无穷，其竞愈烈者，则其进愈速。欧美各国政治迁移之大势，大率由此也。是故无论其为公也，即为私焉，而其有造于国民固已大矣。若夫专制之国，虽有一二圣君贤相，徇公废私，为国民全体谋利益，而一国之大，鞭长难及，其泽之真能遍逮者，固已希矣，就令能之，而所谓圣君贤相者，旷百世不一遇，而桓、灵、京、桧，顶背相望于历史。故中国常语称，一治一乱；又曰，治日少而乱日多。岂无萌蘖，其奈此连番之狂风横雨何哉！进也以寸而退也以尺，进也以一，而退也以十，所以历千百年而每下愈况也。

五曰学说隘而思想窒也。凡一国之进步，必以学术思想为之母，而风俗政治皆其子孙也。中国唯战国时代，九流杂兴，道术最广，自有史以来，黄族之名誉，未有盛于彼时者也。秦汉而还，孔教统一。夫孔教之良，固也，虽然，必强一国人之思想使出于一途，其害于进化也莫大。自汉武表章六艺，罢黜百家，凡非在六艺之科者绝勿进，尔后束缚弛骤，日甚一日，虎皮羊质，霸者假之以为护符，社鼠城狐，贱儒缘之以谋口腹，变本加厉，而全国之思想界消沉极矣。叙欧洲史者，莫不以中世史为黑暗时代。夫中世史则罗马教权最盛之时也，举全欧人民，其躯壳界则糜烂于专制君主之暴威，其灵魂界则匍匐于专制教主之缚轭，故非唯不进，而以较希腊、罗马之盛时，已一落千丈强矣。今试读吾中国秦汉以后之历史，其视欧洲中世史何如？吾不敢怨孔教，而不得不深恶痛绝夫缘饰孔教、利用孔教、诬罔孔教者之自贼而贼国民也。

以上由于人事者。

夫天然之障，非人力所能为也，而世界风潮之所簸荡、所冲激，已能使吾国一变其数千年来之旧状。进步乎，进步乎，当在今日矣！虽然，所变者外界也，非内界也，内界不变，虽日轰动之鞭策之于外，其进无由。天下事无无果之因，亦无无因之果。我辈积数千年之恶因，以受恶果于今日。有志世道者，其勿遽责后此之果，而先改良今日之因而已。

新民子曰：吾不欲复作门面语，吾请以古今万国求进步者独一无二不可逃避之公例，正告我国民。其例维何？曰破坏而已。

不祥哉，破坏之事也；不仁哉，破坏之言也。古今万国之仁人志士，苟非有所万不得已，岂其好为俶诡凉薄、愤世嫉俗，快一时之意气，以事此事而言此言哉！盖当夫破坏之运之相迫也，破坏亦破坏，不破坏亦破坏。破坏既终不可免，早一日则受一日之福，迟一日则重一日之害。早破坏者，其所破坏可以较少，而所保全者自多；迟破坏者，其破坏不得不益甚，而所保全者弥寡。用人力以破坏者，为有意识之破坏，则随破坏随建设，一度破坏而可以永绝第二次破坏之根，故将来之乐利，可以偿目前之苦痛而有余。听自然而破坏者，为无意识之破坏，则有破坏无建设，一度破坏之不已而至于再，再度不已而至于三，如是者可以历数百年千年，而国与民交受其病，至于鱼烂而自亡。呜呼，痛矣哉破坏！

呜呼，难矣哉不破坏！

闻者疑吾言乎？吾请与读中外之历史。中古以前之世界，一脓血世界也。英国号称近世文明先进国，自一千六百六十年以后，至今二百余年无破坏，其所以然者，实自长期国会之一度大破坏来也。使其惮破坏，则安知乎后此之英国，不为十八世纪末之法兰西也。美国自一千八百六十五年以后，至今五十余年无破坏，其所以然者，实自抗英独立、放奴战争之两度大破坏来也。使其惮破坏，则安知乎后此之美国，不为今日之秘鲁、智利、委内瑞拉、亚尔然丁也。欧洲大陆列国自一千八百七十年以后，至今三十余年无破坏，其所以然者，实自法国大革命以来绵亘七八十年空前绝后之大破坏来也。使其惮破坏，则安知乎今日之日耳曼、意大利不为波兰，今日之匈牙利及巴干半岛诸国不为印度，今日之奥地利不为埃及，今日之法兰西不为畴昔之罗马也。日本自明治元年以后，至今三十余年无破坏，其所以然者，实自勤王讨幕、废藩置县之一度大破坏来也。使其惮破坏，则安知乎今日之日本不为朝鲜也。夫吾所谓二百年来、五十年来、三十年来无破坏云者，不过断自今日言之耳，其实则此诸国者，自今以往，虽数百年千年无破坏，吾所敢断言也。何也？凡破坏必有破坏之根原。孟德斯鸠曰："专制之国，其君相动曰辑和万民，实则国中常隐然含有扰乱之种子，是苟安也，非辑和也。"故扰乱之种子不除，则蝉联往复之破坏，终不可得免。而此诸国者以人力之一度大破坏，取此种子芟夷蕴崇之，绝其本根而勿使能殖也。故夫诸国者，自今以往，苟其有金革流血之事，则亦唯以国权之故，构兵于域外，容或有之耳，若夫国内相阋糜烂鼎沸之惨剧，吾敢决其永绝而与天地长久也。今我国所号称识时俊杰，莫不艳羡乎彼诸国者，其群治之光华美满也如彼，其人民之和亲康乐也如彼，其政府之安富尊荣也如彼，而乌知乎皆由前此之仁人志士，挥破坏之泪、绞破坏之脑、敝破坏之舌、秃破坏之笔、沥破坏之血，填破坏之尸以易之者也！呜呼，快矣哉破坏！呜呼，仁矣哉破坏！

此犹仅就政治一端言之耳。实则人群中一切事事物物，大而宗教、学术、思想、人心、风俗，小而文艺、技术、名物，何一不经过破坏之阶级以上于进步之途也。故路得破坏旧宗教而新宗教乃兴，培根、笛卡儿破坏旧哲学而新哲学乃兴，斯密破坏旧生计学而新生计学乃兴，卢梭破坏旧政治学而新政治学乃兴，孟德斯鸠破坏旧法律学而新法律学乃兴，哥白尼破坏旧历学而新历学乃兴，推诸凡百诸学，莫不皆然。而路得、培根、笛卡儿、斯密、卢梭、孟德斯鸠、哥白尼之后，复有破坏路得、培根、笛卡儿、斯密、卢梭、孟德斯鸠、哥白尼者。其破坏者，复有踵起而破坏之者，随破坏，随建设，甲乙相引，而进化之运，乃递衍于无穷。

凡以铁以血而行破坏者，破坏一次，则伤元气一次，故真能破坏者，则一度之后，不复再见矣。以脑以舌而行破坏者，虽屡摧弃旧观，只受其利而不蒙其害，故破坏之事无穷，进步之事亦无穷。又如机器兴而手民之利益不得不破坏，轮舶兴而帆樯之利益不得不破坏，铁路电车兴而车马之利益不得不破坏，公司兴而小资本家之利益不得不破坏，托辣士特（Trust）兴而寻常小公司之利益不得不破坏。当其过渡迭代之顷，非不酿妇叹童号之惨，极梦乱杌陧之观也，及建设之新局既定，食其利者乃在国家，乃在天下，乃在百年，而前此蒙破坏之损害者，亦往往于直接间接上得意外之新益。善夫西人之恒言曰："求文明者，非徒须偿其价值而已，而又须忍其苦痛。"夫全国国民之生计，为根本上不轻摇动者，而当夫破坏之运之相代乎前也，犹且不能恤小害以掷大利，而况于害有百而利无一者耶！故夫欧洲各国自宗教改革后而教会教士之利益被破坏也，自民立议会后而暴君豪族之利益被破坏也，英国改正选举法而旧选举区之特别利益被破坏也，美国布禁奴令而南部素封家之利益被破坏也。此与吾中国之废八股而八股家之利益破坏，革胥吏而胥吏之利益破坏，改官制而宦场之利益破坏，其事正相等。彼其所谓利者，乃偏毗于最少数人之私利，而实则陷溺大多数人之公敌也。谚有之："一家哭何如一路哭。"于此而犹曰不破坏不破坏，吾谓其无人心矣。夫中国今日之事，何一非蠹大多数人而陷溺之者耶，而八股胥吏官制其小焉者也。

欲行远者不可不弃其故步，欲登高者不可不离其初级，若终日沾滞呆立于一地，而徒望远而歆，仰高而羡，吾知其终无济也。若此者，其在毫无阻力之时，毫无阻力之地，而进步之公例，固既当如是矣。若夫有阻之者，则凿榛莽以辟之，烈山泽而焚之，固非得已。苟不尔则虽欲进而无其路也。谚曰："蝥蛇在手，壮士断腕。"此语至矣！不观乎善医者乎，肠胃症结，非投以剧烈吐泻之剂，而决不能治也；疮痈肿毒，非施以割剖洗涤之功，而决不能疗也，若是者，所谓破坏也。苟其惮之，而日日进参苓以谋滋补，涂珠珀以求消毒，病未有不日增而月剧者也。夫其所以不敢下吐泻者，虑其耗亏耳，所以不敢施割剖者，畏其苦痛耳，而岂知不吐泻而后此耗亏将益多，不割剖而后此之苦痛将益剧，循是以往，非至死亡不止，夫孰与忍片刻而保百年，苦一部而养全体也！且等是耗亏也，等是苦痛也，早治一日，则其疮痍必较轻，缓治一日，则其疮痍必较重，此又理之至浅而易见者也。而谋国者乃昧焉，此吾之所不解也。大抵今日谈维新者有两种。其下焉者，则拾牙慧，蒙虎皮，借此以为阶进之路，西学一八股也，洋务一苞苴也，游历一幕夜也，若是者固不足道矣。其上焉者，则固尝悴其容焉，焦其心焉，规规然思所以长国家而兴利者，至叩其术，最初则外交也、练兵也、购械也、制器也、稍进焉则商务也、开矿也、铁路也，进而至于最近，则练将也、警察也、教育也。此莘莘诸大端者，是非当今文明国所最要不可缺之事耶！虽然，枝枝节节而行焉，步步趋趋而模仿焉，其遂可以进于文明乎？其遂可以置国家于不败之地乎？吾知其必不能也。何也？披绮罗于嫫母，只增其丑；施金鞍于驽骀，只重其负；刻山龙于朽木，只驱其腐；筑高楼于松壤，只速其倾，未有能济者也。今勿一一具论，请专言教育。夫一国之有公共教育也，所以养成将来之国民也，而今之言教育者何如？各省纷纷设学堂矣，而学堂之总办提调，大率皆最工于钻营奔竞、能仰承长吏鼻息之候补人员也；学堂之教育，大率皆八股名家弋窃甲第武断乡曲之巨绅也。其学生之往就学也，亦不过曰此时世妆耳，此终南径耳，与其从事于闭房退院之诗云子曰，何如从事于当时得令之ＡＢＣＤ！考选入校，则张红然爆以示宠荣，（吾粤近考取大学堂学生者皆如是。）资派游学，则苞苴请托以求中选。若此者，皆今日教育事业开宗明义第一章，而将来为一国教育之源泉者也。试问循此以往其所养成之人物，可以成一国国民之资格乎？可以任为将来一国之主人翁乎？可以立于今日民族主义竞争之潮涡乎？吾有以知其必不能也。不能则有教育如无教育，而于中国前途何救也！请更征诸商务。生计界竞争，是今日地球上一最大问题也，各国所以亡我者在此，我国之所以争自存者亦当在此，商务之当整顿，夫人而知矣。虽然，振兴商力，不可不保护本国工商业之权利；欲保护权利，不可不颁定商法；仅一商法不足以独立也，则不可不颁定各种法律以相辅；有法而不行与无法等，则不可不定司法官之权限；立法而不善，弊更甚于无法，则不可不定立法权之所属；坏法者而无所惩，法旋立而旋废，则不可不定行法官之责任；推其极也，非制宪法，开议会，立责任政府，而商务终不可得兴。今之言商务者，漫然曰吾兴之吾兴之而已，吾不知其所以兴之者持何术也。夫就一二端言之，既已如是矣，推诸凡百，莫不皆然。吾故有以知今日所谓新法者之必无效也。何也？不破坏之建设，未有能建设者也。夫今之朝野上下，所以汲汲然崇拜新法者，岂不以非如是则国将危亡乎哉？而新法之无救于危亡也若此，有国家之责任者当何择焉！

　　然则救危亡求进步之道将奈何？曰：必取数千年横暴混浊之政体，破碎而齑粉之，使数千万如虎如狼如蝗如螟如蜮如蛆之官吏，失其社鼠城狐之凭借，然后能涤荡肠胃，以上于进步之途也；必取数千年腐败柔媚之学说，廓清而辞辟之，使数百万如蠹鱼如鹦鹉如水母如畜犬之学子，毋得摇笔弄舌舞文嚼字为民贼之后援，然后能一新耳目以行进步之实也。而其所以达此目的之方法有二：一曰无血之破坏，二曰有血之破坏。无血之破坏者，如日本之类是也；有血之破坏者，如法国之类是也。中国如能为无血之破坏乎，吾馨香而祝之；中国如不得不为有血之破坏乎，吾衰绖而哀之。虽然，哀则哀矣，然欲使吾于此二者之外，而别求一可以救国之途，吾苦无以为对也。

呜呼，吾中国而果能行第一义也，则今日其行之矣！而竟不能，则吾所谓第二义者遂终不可免。呜呼，吾又安忍言哉！呜呼，吾又安忍不言哉！

吾读宗教改革之历史，见夫二百年干戈云扰，全欧无宁宇，吾未尝不额蹙；吾读一千七百八十九年之历史，见夫杀人如麻一日死者以十数万计，吾未尝不股栗。虽然，吾思之，吾重思之，国中如无破坏之种子，则亦已耳，苟其有之，夫安可得避。中国数千年以来历史，以天然之破坏相终始者也。远者勿具论，请言百年以来之事。乾隆中叶山东有所谓教匪者王伦之徒起，三十九年平。同时有甘肃马明心之乱，据河州、兰州，四十六年平。五十一年，台湾林爽文起，诸将出征，皆不有功，历二年。五十二年有福康安、海兰察督师乃平。而安南之役又起，五十三年乃平。廓尔喀又内犯，五十九年乃平。而五十八年，诏天下大索白莲教首领不获，官吏以搜捕教匪为名，恣行暴虐，乱机满天下。五十九年，贵州苗族之乱遂作。嘉庆元年，白莲教遂大起于湖北，蔓延河南、四川、陕西、甘肃，而四川之徐天德、王三槐等又各拥众数万起事，至七年乃平。八年，浙江海盗蔡牵又起，九年，与粤之朱濆合，十三年乃平。十四年，粤子郑乙又起，十五年乃平。同年，天理教徒李文成又起，十八年乃平。不数年，而回部之乱又起，凡历十余年至道光十一年乃平。同时湖南之赵金龙又起，十二年平。天下凋敝之既极，始稍苏息，而鸦片战役又起矣。道光十九年，英舰始入广东，二十年旋逼乍浦犯宁波，二十一年，取舟山、厦门、定海、宁波、乍浦，遂攻吴淞，下镇江；二十二年结南京条约乃平。而两广之伏莽，已遍地出没无宁岁，至咸丰元年，洪杨遂乘之而起，蹂躏天下之半。而咸丰七年，复有英人入广东掳总督之事。九年，复有英法联军犯北京之事。而洪氏踞金陵凡十二年，至同治二年始平。而捻党犹逼京畿，危在一发，七年始平。而回部苗疆之乱犹未已，复血刃者数载，及其全平，已光绪三年矣。自同治九年天津教案起，尔后民教之哄，连绵不绝。光绪八年，遂有法国安南之役，十一年始平。二十年，日本战役起，二十一年始平。二十四年，广西李立亭、四川余蛮子起，二十五年始平。同年，山东义和团起，蔓延直隶，几至亡国，为十一国所挟，二十七年始平。今者二十八年之过去者，不过一百五十日耳，而广宗巨鹿之难，以袁军全力，历两月乃始平之，广西之难，至今犹蔓延三省，未知所届，而四川又见告矣。由此言之，此百余年间，我十八行省之公地，何处非以血为染；我四百余兆之同胞，何日非以肉为糜。前此既有然，而况乎继此以往其剧烈将仟伯而未有艾也。昔人云："一惭之不忍，而终身惭乎！"吾亦欲曰：一破坏之不忍，而终古以破坏乎！我国民试矫首一望，见夫欧美、日本之以破坏治破坏而永绝内乱之萌蘖也，不识亦会有动于其心，而为临渊之羡焉否也？！

且夫惧破坏者，抑岂不以爱惜民命哉！姑无论天然无意识之破坏，如前所历举内乱诸祸，必非煦煦孑孑之所能弭也，即使弭矣，而以今日之国体，今日之政治，今日之官吏，其以直接间接杀人者，每岁之数，又岂让法国大革命时代哉！十年前山西一旱，而死者百余万矣；郑州一决，而死者十余万矣；冬春之交，北地之民，死于冻馁者，每岁以十万计；近十年来，广东人死于疫疠者，每岁以数十万计；而死于盗贼与迫于饥寒自为盗贼而死者，举国之大，每岁亦何啻十万夫。此等虽大半关于天灾乎，然人之乐有群也，乐有政府也，岂不欲以人治胜天行哉！有政府而不能为民捍灾患，然则何取此政府为也！呜呼，中国人之为戮民久矣，天戮之，人戮之，暴君戮之，污吏戮之，异族戮之，其所以戮之之具，则饥戮之，寒戮之，天戮之，疠戮之，刑狱戮之，窃贼戮之，干戈戮之。文明国中有一人横死者，无论为冤惨为当罪，而死者之名，必出现于新闻纸中三数次乃至百数十次，所谓贵人道重民命者，不当如是耶？若中国则何有焉！草薙耳，禽狝耳，虽日死千人焉万人焉，其谁知之，其谁殄之！亦幸而此传种学最精之国民，野火烧不尽，春风吹又生，其林林总总者如故也，使稍矜贵者，吾恐周余子遗之诗，早实见于今日矣。然此犹在无外竞之时代为然耳。自今以往，十数国之饥鹰饿虎，张牙舞爪，呐喊蹴踏，以人我阋而择我肉，数年数十年后，能使我将口中未下咽之饭，挖而献之，犹不足以偿债主，能使我日日行三跪九叩首礼于他族之膝下，乃仅得半腹之饱。不知爱惜民命者，何以待之！何以救之！我国民一念及此，当能信吾所谓"破坏亦破坏不破坏亦破坏"者之非过言矣。而二者吉凶去从之间，我国民其何择焉？其何择焉？昔日本维新主动力之第一人曰吉田松阴者，尝语其徒曰："今之号称正义人，观望持重者，比比皆是，是为最大下策。何如轻快拙速，打破局而，然后徐图占地布石之为愈乎！"日本之所以有今日，皆恃此精神也，皆遵此方略也。（吉田松阴，日本长门藩士，以抗幕府被逮死。维新元勋山县、伊藤、井上等，皆其门下士也。）今日中国之弊，视四十年前之日本又数倍焉；而中国号称有志之士，舍松阴所谓最大下策者，无敢思之，无敢道之，无敢行之。吾又乌知其前途所终极也！

虽然，破坏亦岂易言哉！玛志尼曰："破坏也者，为建设而破坏，非为破坏而破坏。使为破坏而破坏者，则何取乎破坏，且亦将并破坏之业而不能就也。"吾请更下一解曰：非有不忍破坏之仁贤者，不可以言破坏之言；非有能回破坏之手段者，不可以事破坏之事。而不然者，率其牢骚不平之气，小有才而未闻道，取天下之事事物物，不论精粗美恶，欲一举而碎之灭之，以供其快心一笑之具，寻至自起楼而自烧弃，自莳花而自斩刈，嚣嚣然号于众曰，吾能割舍也，吾能决断也，若是者直人妖耳。故夫破坏者仁人君子不得已之所为也。孔明挥泪于街亭，子胥泣血于关塞，彼岂忍死其友而遗其父哉！

论私德（节录）

　　吾自去年著《新民说》，其胸中所怀抱欲发表者，条目不下数十，而以公德篇托始焉。论德而别举其公焉者，非谓私德之可以已。谓夫私德者，当久已为尽人所能解悟能践履，抑且先圣昔贤，言之既已圆满纤悉，而无待末学小子之哓哓词费也。乃近年以来，举国嚣嚣靡靡，所谓利国进群之事业一二未睹，而末流所趋，反贻顽钝者以口实，而曰新理想之贼人子而毒天下。噫！余又可以无言乎。作论私德。

一、私德与公德之关系

　　私德与公德，非对待之名词，而相属之名词也。斯宾塞之言曰：凡群者皆一之积也。所以为群之德，自其一之德而已定。群者谓之拓都，一者谓之么匿。拓都之性情形制，么匿为之；么匿之所本无者，不能从拓都而成有；么匿之所同具也，不能以拓都而忽亡。谅哉言乎！夫所谓公德云者，就其本体言之，谓一团体中人公共之德性也；就其构成此本体之作用言之，谓个人对于本团体公共观念所发之德性也。夫聚群盲不能成一离娄，群聚聋不能成一师旷，聚群怯不能成一乌获。故一私人而无所私有之德性，则群此百千万亿之私人，而必不能成公有之德性，其理至易明也。盲者不能以视于众而忽明，聋者不能以听于众而忽聪，怯者不能以战于众而忽勇。

故我对于我而不信，而欲其信于待人，一私人对于一私人之交涉而不忠，而欲其忠于团体，无有是处，此其理又至易明也。若是乎今之学者日言公德，而公德之效弗睹者，亦曰国民之私德有大缺点云尔。是故欲铸国民，必以培养个人之私德为第一义；欲从事于铸国民者，必以自培养其个人之私德为第一义。

且公德与私德，岂尝有一界线焉区划之为异物哉。德之所由起，起于人与人之有交涉。而对于少数之交涉与对于多数之交涉，对于私人之交涉与对于公人之交涉，其客体虽异，其主体则同。故无论泰东泰西之所谓道德，皆谓其有赞于公安公益者云尔，其所谓不德，皆谓其有戕于公安公益者云尔。公云私云，不过假立之一名词，以为体验践履之法门。就泛义言之，则德一而已，无所谓公私，就析义言之，则容有私德醇美，而公德尚多未完者，断无私德浊下，而公德可以袭取者。孟子曰："古之人所以大过人者无他焉，善推其所为而已矣。"公德者私德之推也，知私德而不知公德，所缺者只在一推；蔑私德而谬托公德，则并所以推之具而不存也。故养成私德，而德育之事思过半焉矣。

二、私德堕落之原因

私德之堕落，至今日之中国而极。其所以致此之原因，甚复杂不得悉数，当推论其大者得五端：

（一）由于专制政体之陶铸也。孟德斯鸠曰："凡专制之国，间或有贤明之主，而臣民之有德者则甚希。试征诸历史，乃君主之国，其号称大臣近臣者，大率毕庸劣卑屈嫉妒阴险之人，此古今东西之所同也。不宁唯是，苟在上者多行不义，而居下者守正不阿，贵族专尚诈虞，而平民独崇廉耻，则下民将益为官长欺诈所鱼肉矣。故专制之国。无论上下贵贱，一皆以变诈倾巧相遇，盖有迫之使不得不然者矣。若是乎专制政体之下，固无所用其德义，昭昭明甚也。"夫既竞天择之公例，唯适者乃能生存。吾民族数千年生息于专制空气之下，苟欲进取，必以诈伪，苟欲自全，必以卑屈。其最富于此两种性质之人，即其在社会上占最优胜之位置者也，而其稍缺乏者，则以劣败而澌灭，不复能传其种于来裔者也。是故先天之遗传，盘踞于社会中而为其公共性，种子相熏，日盛一日，虽有豪杰，几难自拔，盖此之由。不宁唯是，彼局蹐于专制之下，而全躯希宠以自满足者不必道，即有一二达识热诚之士，苟欲攘臂为生民请命，则时或不得不用诡秘之道，时或不得不为偏激之行。夫其人而果至诚也，犹可以不因此而磷缁也，然习用之，则德性之漓，固已多矣；若根性稍薄弱者，几何不随流而沉汩也。夫所谓达识热诚欲为生民请命者，岂非一国中不可多得之彦哉。使其在自由国，则大政治家、大教育家、大慈善家以纯全之德性，温和之手段，以利其群者也，而今乃迫之使不得不出于此途，而因是堕落者十八九焉。嘻！是殆不足尽以为斯人咎也。

（二）由于近代霸者之摧锄也。夫其所受于数千年之遗传者既如此矣，而此数千年间，亦时有小小之污隆升降，则帝者主持而左右之最有力焉。西哲之言曰，专制之国君主万能，非虚言也。顾亭林之论世风，谓东汉最美，炎宋次之，而归功于光武、明、章，艺祖、真、仁。（《日知录》卷十三云：汉自孝武表章六经之后，师儒虽盛而大义未明，故新莽居摄，颂德献符者遍天下。光武有鉴于此，乃尊崇节义，敦厉名实，所举用者莫非经明行修之士，而风俗为之一变。至其末造，朝政昏浊，国事日非，而党锢之流独行之辈，依仁蹈义，舍命不渝，风雨如晦，鸡鸣不已，三代以下，风俗之美无尚于东京者。又云：《宋史》言士大夫忠义之气至于五季变化殆尽，艺祖首褒韩通，次表卫融，以示意向，真、仁之世，田锡、王禹偁、范仲淹、欧阳修诸贤以直言谠论倡于朝，于是中外荐绅知以名节为高，廉耻相尚，尽去五季之陋。故靖康之变，士投袂起而勤王，临难不屈，所在有之。及宋之亡，忠节相望。）且从而论之曰："观哀、平之可以变而为东京，五代之可以变而为宋，则知天下无不可变之风俗。"此其言虽于民德污隆之总因或有所未尽乎，然不得不谓为重要关系之一端矣。尝次考三千年来风俗之差异，三代以前邈矣弗可深考，春秋时犹有先王遗民，自战国涉秦以逮西汉，而懿俗顿改者，集权专制之趋势，时主所以刍狗其民者，别有术也。战国虽混浊，而犹有任侠尚气之风，及汉初而摧抑豪强，朱家、郭解之流，渐为时俗所姗笑，故新莽之世，献符阿媚者遍天下，则高、惠、文、景之播其种也。至东汉而一进，则亭林所论，深明其故矣。及魏武既有冀州，崇奖跅弛之士，于是权诈迭进，奸伪萌生，（建安廿二年八月下令，求负污辱之名，见笑之、行不仁不孝而有治国用兵之术者。）光武、明、章之泽，扫地殆尽，每下愈况，至五季而极。千年间民俗之靡靡，亦由君主之淫乱有以扬其波也。及宋乃一进。艺祖以检点作天子，颇用专制力，挫名节以自固，（君臣坐而论道之制至宋始废。盖范质辈与艺祖并仕周，位在艺祖上，及入宋为宰相，而远嫌自下也。）而真、仁守文，颇知大体，提倡士气，宋俗之美其大原因固不在君主，而君主亦与有力焉。胡元之篡，衣冠涂炭，纯以游牧水草之性弛骤吾民，故九十年间暗无天日。及明而一进。明之进也，则非君主之力也。明太祖以刻鸷之性，摧锄民气，戮辱臣僚，其定律至立不为君用之条，令士民毋得以名节自保，以此等专制力所挫抑，宜其恶果更烈于西汉，而东林复社，舍命不渝，鼎革以后，忠义相属者，则其原因别有在也。下逮本朝，顺康间首开博学鸿词以絷遗逸，乃为《贰臣传》以辱之，晚明士气斫丧渐尽。及夫雍乾，主权者以悍鸷阴险之奇才，行操纵驯扰之妙术，摭拾文字小故以兴冤狱，廷辱大臣耆宿以蔑廉耻（乾隆六十年中大学士尚侍供奉诸大员无一人不曾遭黜辱者），又大为《四库提要》《通鉴辑览》等书，排斥道学，贬绝节义，自魏武以后，未有敢明目张胆变乱黑白如斯其甚者也。然彼犹直师商、韩六虱之教，而人人皆得喻其非，此乃阴托儒术弐狗之言，而一代从而迷其信。呜呼，何意百炼钢，化为绕指柔。百余年前所播之恶果，今正荣滋稔熟，而我民族方刈之，其秽德之复千古而绝五洲，岂偶然哉！岂偶然哉！

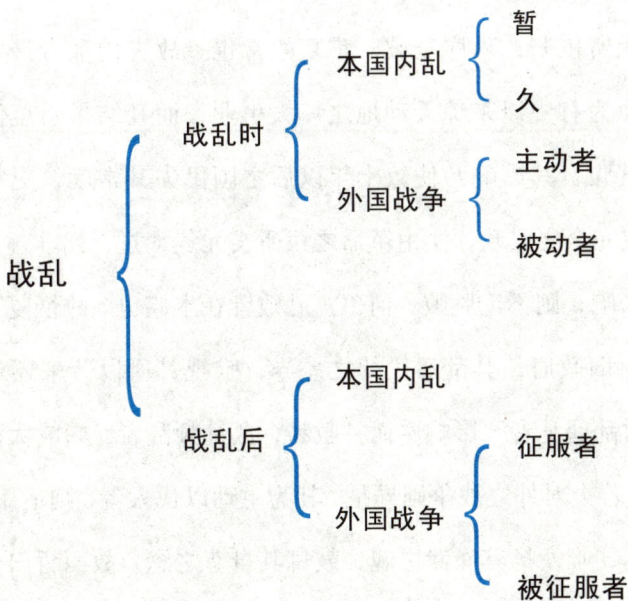

战乱
- 战乱时
  - 本国内乱
    - 暂
    - 久
  - 外国战争
    - 主动者
    - 被动者
- 战乱后
  - 本国内乱
  - 外国战争
    - 征服者
    - 被征服者

（三）由于屡次战败之挫沮也。国家之战乱与民族之品性最有关系，而因其战乱之性质异，则其结果亦异。

内乱者，最不祥物也。凡内乱频仍之国，必无优美纯洁之民。当内乱时，其民必生六种恶性：一曰侥幸性。才智之徒，不务利群，而唯思用险骛之心术，攫机会以自快一时也。二曰残忍性。草菅禽狝之既久，司空见惯，而曾不足以动其心也。三曰倾轧性。彼此相阋，各欲得而甘心，杯酒戈矛，顷刻倚伏也。此三者桀黠之民所含有性也。四曰狡伪性。朝避猛虎，夕避长蛇，非营三窟，不能自全也。五曰凉薄性。一身不自保，何况恋妻子，于至亲者尚不暇爱，而遑能爱人，故仁质研丧渐灭以至于尽也。六曰苟且性。知我如此，不如无生，暮不保朝，假日偷乐，人人自危，无复远计，驯至与野蛮人之不知将来者无以异也。此三者柔良之民所含有性也。当内乱后，其民亦生两种恶性：一曰恐怖性。痛定思痛，梦魂犹噩，胆汁已破，勇气全销也。二曰浮动性。久失其业，无所依归，秩序全破，难复故常也。故夫内乱者最不祥物也。以法国大革命为有史以来惊天动地之一大事业，而其结果乃至使全国之民互相剚刃于其腹，其影响乃使数十年以后之国民失其常度，史家波留谓法国至今不能成完全之民政，实由革命之役研丧元气太过，殆非虚言也。

内乱之影响，则不论胜败，何也？胜败皆在本族也。故恢复平和之后，无论为新政府旧政府，其乱后民德之差异，唯视其所以劳来还定补救陶治者何如。而暂乱偶乱者，影响希而补救易，久乱频乱者，影响大而补救难。此其大较也。若夫对外之战争则异是。其为主动以伐人者，则运用全在军队，而境内安堵焉，唯发扬其尚武之魂，鼓舞其自尊之念。故西哲曰：战争者，国民教育之一条件也，是可喜而非可悲者也。其为被动而伐于人者，其影响虽与内乱绝相类，而可以变侥幸性为功名心，变残忍性为敌忾心，变倾轧性而为自觉心，乃至变狡伪性而为谋敌心，变凉薄性而为敢死心，变苟且性而为自保心。何也？内乱则已无所逃于国中，而唯冀乱后之还定，外争则决生死于一发，而怵于后时之无可回复也。故有利用敌国外患以为国家之福者，虽可悲而非其至也。外争而自为征服者，则多战一次，民德可高一级。德人经奥地利之役，而爱国心有加焉，经法兰西之役，而爱国心益有加焉。日本人于朝鲜之役中国之役亦然。皆其例也。若夫战败而为被征服者，则其国民固有之性可以骤变忽落而无复痕迹。夫以斯巴达强武之精神，照耀史乘，而何以屈服于波斯之后，竟永为他族藩属，而所谓军国民之纪念竟可不复睹也。波兰当十八世纪前，泱泱几霸全欧，何以一经瓜分后，而无复种民固有之特性也。燕赵古称多慷慨悲歌之士，今则过于其市，顺民旗飘飏焉，问昔时屠狗者，阒如矣。何也？自五胡、元、魏、安史、契丹、女真、蒙古、满洲以来，经数百年六七度之征服，而本能湮没尽矣。夫在专制政体之下，既已以卑屈诈伪两者为全身进取之不二法门矣，而况乎专制者之复非我族类也。故夫内乱与被征服二者有一于此，其国民之人格皆可以日趋卑下。而中乃积数千年内乱之惯局，以脓血充塞历史，日伐于人而未尝一伐人，屡被征服而不克一自征服，此累变累下种种遗传之恶性，既已弥漫于社会，而今日者又适承洪杨十余年惊天动地大内乱之后，而自欧势东渐以来，彼征服者又自有其征服者，且匪一而五六焉，日瞬眈于我前，国民之失其人性，殆有由矣。

（四）由于生计憔悴之逼迫也。管子曰："仓廪实而知礼节，衣食足而知荣辱。"孟子曰："民无恒产，斯无恒心，既无恒心，放辟邪侈，救死不赡，奚暇礼义！"呜呼，岂不然哉！岂不然哉！并世之中，其人格最完善之国民，首推英美，次则日耳曼。之三国者，皆在全球生计界中占最高之位置者也。西班牙、葡萄牙人，在数百年前深有强武活泼沉毅严整之气度，今则一一相反，皆由生计之日蹙为之也。其最劣下者，若泰东之朝鲜人、安南人，则生计最穷迫不堪之民也。俄罗斯政府，以鹰瞵虎视之势震摄五陆，而其人民称罪恶之府，黑暗无复天日，（日本人有《露西亚亡国论》穷形尽相。）亦生计沉窘之影响也。彼虚无党以积年游说煽动之力，而不能得多数之同情，乃不得已而出于孤往凶险之手段，亦为此问题所困也。日本政术几匹欧美，而社会道德百不逮一，亦由其富力之进步与政治之进步不相应也。夫世无论何代，地无论何国，固莫不有其少数畸异绝俗之士，既非专制魔力所能束缚，亦非恒产困乏所能消磨。虽然，不可以律众人也。多数之人民，必其于仰事俯蓄之外而稍有所余裕，乃能自重而惜名誉，泛爱而好慈善，其脑筋有余力以从事于学问，以养其高尚之理想，其日力有余暇以计及于身外，以发其顾团体之精神。而不然者，朝饔甫毕，而忧夕飧，秋风未来，而泣无褐，虽有仁质，岂能自冻馁以念众生，虽有远虑，岂能舍现在以谋将来！西人群学家言，谓文明人与野蛮人之别，在公共思想之有无与未来观念之丰缺，而此两者所以差异之由，则生计之舒蹙，其尤著者也。故贪鄙之性，褊狭之性，凉薄之性，虚伪之性，谄阿之性，暴弃之性，偷苟之性，强半皆由生计憔悴造之。生计之关系于民德，如是其切密也。我国民数千年来，困于徭役，困于灾疠，困于兵燹，其得安其居乐其业者，既已间代不一觏，所谓虚伪、褊狭、贪鄙、凉薄、谄阿、暴弃、偷苟之恶德，既已经数十世纪，受之于祖若宗社会之教育。降及现世，国之母财，岁不增殖，而宫廷土木之费，官吏苞苴之费，恒数倍于政府之岁入，国民富力之统计，每人平均额不过七角一分有奇，（据日本横山雅男氏之统计调查，日币七十钱有奇。）而外债所负，已将十万万两（利息在外），以至有限之物力，而率变为不可复之母财，若之何民之可以聊其生也。而况乎世界生计竞争之风潮席卷而来，而今乃始发轫也。民国之腐败堕落，每下愈况，呜呼，吾未知其所终极矣。

（五）由于学术匡救之无力也。彼四端者，养成国民大多数恶德之源泉也。然自古移风易俗之事，其目的虽在多数人，其主动恒在少数人，若缺于彼而有以补于此，则虽敝而犹未至其极也。东汉节义之盛，光武、明章之功虽十之三，而儒学之效实十之七也，唐之与宋，其专制之能力相若，其君主之贤否亦不甚相远，而士俗判若天渊者，唐儒以辞章浮薄相尚，宋儒以道学廉节为坊也。魏晋六朝之腐败，原因虽甚杂复，而老庄清谈宗派，半尸其咎也。明祖刻薄寡恩，挫抑廉隅，达于极点，而晚明士气冠前古者，王学之功不在禹下也。然则近今两百年来民德污下之大原，从可睹矣。康熙博学鸿词诸贤，率以耆宿为海内宗仰，而皆自污贬。兹役以后，百年来支配人心之王学，扫荡靡存。船山、梨洲、夏峰、二曲之徒，抱绝学，老岩穴，统遂斩矣。而李光地、汤斌，乃以朱学闻。以李之忘亲背交，职为奸谀，（李给郑成功以覆明祀，前人无讥，全谢山始河之。）汤之柔媚取容，欺罔流俗，（汤斌虽贵，而食不御炙鸡，帷帐不过枲绹。尝奏对出语人曰：生平未尝作如此欺人语，后为圣祖所觉，盖公孙弘之流也。）而以为一代开国之大儒，配食素王，末流所鼓铸，岂待问矣。后此则陆陇其、陆世仪、张履祥、方苞、徐乾学辈，以婉娈夸毗之学术，文致期奸，其人格殆犹在元许衡、吴澄之下，所谓《国朝宋学渊源记》者，殆尽于是矣。而乾嘉以降，阎、王、段、戴之流，乃标所谓汉学者以相夸尚，排斥宋明，不遗余力。夫宋明之学，曷尝无缺点之可指摘，顾吾独不许鲁莽灭裂之汉学家容其喙也。彼汉学则何所谓学？昔乾隆间内廷演剧，剧曲之大部分则诲乱也，诲淫也，皆以触忌讳被呵遣，不敢进，乃专演神怪幽灵牛鬼蛇神之事，既借消遣，亦无愆尤。吾见夫本朝二百年来学者之所学，皆牛鬼蛇神类耳，而其用心亦正与彼相等。盖王学之激扬蹈厉，时主所最恶也，乃改而就朱学；朱学之严正忠实，犹非时主之所甚喜也，乃更改而就汉学。若汉学者，则立于人间社会以外，而与二千年前地下之僵石为伍，虽著述累百卷，而决无一伤时之语，虽辩论千万言，而皆非出本心之谈，藏身之固，莫此为妙。才智之士既得此以为阿世盗名之一秘钥，于是名节闲检，荡然无所复顾。故宋学之敝，犹有伪善者流，汉学之敝，则并其伪者而亦无之。何也？彼见夫盛名鼎鼎之先辈，明目张胆以为乡党自好者所不为之事，而其受社会之崇拜享学界之尸祝自若也，则更何必自苦以强为禹行舜趋之容也。昔王鸣盛（著《尚书后案》《十七史商榷》等书，汉学家之巨子也。）尝语人曰："吾贪赃之恶名，不过五十年，吾著书之盛名，可以五百年。"此二语者，直代表全部汉学家之用心矣。庄子曰："哀莫大于心死。"汉学家者，率天下而心死者也。此等谬种，与八股同毒，盘踞于二百余年学界之中心，直到甲午、乙未以后，而其气焰始衰。而此不痛不痒之世界既已造成，而今正食其报。耗矣哀哉！

五年以来，海外之新思想，随列强侵略之势力以入中国，始为一二人倡之，继焉千百人和之。彼其倡之者，固非必尽蔑旧学也，以旧学之简单而不适应于时势也，而思所以补助之，且广陈众义，促思想自由之发达，以求学者之自择。而不意此久经腐败之社会，遂非文明学说所遽能移植。于是自由之说入，不以之增幸福，而以之破秩序；平等之说入，不以之荷义务，而以之蔑制裁；竞争之说入，不以之敌外界，而以之散内团；权利之说入，不以之图公益，而以之文私见；破坏之说入，不以之箴膏肓，而以之灭国粹。斯宾塞有言："衰世虽有更张，弊泯于此者，必发于彼，害消于甲者，将长于乙。合通群而核之弊政害端，常自若也。是故民质不结，祸害可以易端，而无由禁绝。"呜呼！吾观近年来新学说之影响于我青年界者，吾不得不服斯氏实际经验之言，而益为我国民增无穷之沉痛也。夫岂不拔十得一，能食新思想者之利者，而所以偿其弊殆仅矣。《记》曰："甘受和，白受采，忠信之人，可与学礼。"又曰："橘在江南为橘，过江北则为枳。"夫孰意彼中最高尚醇美利群进俗之学说，一入中国，遂被其伟大之同化力汩没而去也！要而论之，魏晋间清谈，乾嘉间之考据，与夫现今学子口头之自由、平等、权利、破坏，其挟持绝异，其性质则同。而今之受痼愈深者，则以最新最有力之学理，缘附其所近受远受之恶性恶习，拥护而灌溉之。故有清二百年间民德之变迁，在朱学时代，有伪善者，犹知行恶之为可耻也；在汉学时代，并伪焉者而无之，则以行恶为无可耻也；及今不救，恐后此欧学时代，必将有以行恶为荣者，今已萌芽于一小部分之青年矣。夫至以行恶为荣，则洪水猛兽足喻斯惨耶！君子念此肤粟股栗矣！

三、私德之必要

私德者，人人之粮，而不可须臾离者也。虽然，吾之论著，以语诸大多数不读书不识字之人，莫予喻也。即以语诸少数读旧书识旧字之人，亦莫予闻也，于是吾忠告之所得及，不得不限于少数国民中之最少数者。顾吾信夫此最少数者，其将来势力所磅礴，足以左右彼大多数者而有余也。吾为此喜，吾为此惧，吾不能已于言。

今日踸踔俊发有骨鲠有血性之士，其所最目眩而心醉者，非破坏主义耶？破坏之必能行于今之中国与否为别问题，姑勿具论。而今之走于极端者，一若唯建设为需道德，而破坏则无需道德，鄙人窃以为误矣。古今建设之伟业，固莫不含有破坏之性质，古今破坏之伟人，亦靡不饶有建设之精神，实则破坏与建设，相倚而不可离，而其所需之能力，二者亦正相等，苟有所缺，则靡特建设不可得期，即破坏亦不可得望也。今之言破坏者，动引生计学上分劳之例，谓吾以眇眇之躬，终不能取天下事而悉任之，吾毋宁应于时势而专任破坏焉，既破坏以后，则建设之责，以俟君子，无待吾过虑也。此其心岂不廓然而大公也耶？顾吾以为不唯于破坏后当有建设，即破坏前亦当有建设。苟不尔者，则虽日言破坏，而破坏之目的终不得达。何也？群学公例，必内固者乃能外竞。一社会之与他社会竞也，一国民之与他国民竞也，苟其本社会本国之机体未立之营卫未完，则一与敌遇而必败，或未与敌遇而先自败。而破坏主义之性质，则以本社会本国新造力薄之少数者，而悍然与彼久据力厚之多数者为难也，故不患敌之强，而唯患我之弱。我之所恃以克敌者何在？在能团结一坚固有力之机体而已。然在一社会，一国家，承累年积世之遗传习惯，其机体由天然发达，故成之尚易。在一党派则反是，前者无所凭借，并世无所利用，其机体全由人为发达，故成之最难。所谓破坏前之建设者，建设此而已。苟欲得之，舍道德奚以哉！

今之言破坏者，动曰一切破坏，此囈言也。吾辈曷为言破坏？曰：去其病吾社会者云尔。如曰一切破坏也，是将并社会而亦破坏之也。譬诸身然，沉疴在躬，固不得不施药石，若无论其受病不受病之部位，而一切针灸之攻泄之，刚直自杀而已！吾亦深知夫仁人志士之言破坏者，其目的非在破坏社会，而不知"一切破坏"之言，既习于口而印于脑，则道德之制裁已无可复施，而社会必至于灭亡。吾亦深知夫仁人志士之言破坏者，实鉴于今日之全社会，几无一部分而无病态也，愤慨之极，必欲翻根柢而改造之。斯固然也。然疗病者无论下若何猛剂，必须恃有所谓"元神真火"者，以为驱病之原，苟不尔者，则一病未去，他病复来，而后病必更难治于前病，故一切破坏之言，流弊千百，而收效卒不得一也。何也？苟有破坏者有不破坏者，则其应破坏之部分，尚可食破坏之利，苟一切破坏，则不唯将来宜成立者不能成立，即目前宜破坏者亦卒不得破坏，此吾所敢断言也。吾畴昔以为中国之旧道德，恐不足以范围今后之人心也，而渴望发明一新道德以补助之，由今以思，此直理想之言，而决非今日可以见诸实际者也。夫言群治者，必曰德，曰智，曰力，然智与力之成就甚易，唯德最难。今欲以一新道德易国民，必非徒以区区泰西之学说所能为力也，即尽读苏格拉底、柏拉图、康德、黑格尔之书，谓其有"新道德学"也则可，谓其有"新道德"也则不可。何也？道德者行也，而非言也，苟欲言道德也，则其本原出于良心之自由，无古无今无中无外，无不同一，是无有新旧之可云也。苟欲行道德也，则因于社会性质之不同，而各有所受。其先哲之微言，祖宗之芳躅，随此冥然之躯壳，以遗传于我躬，斯乃一社会之所以为养也，一旦突然欲以他社会之所养者养我，谈何容易耶！窃尝举泰西道德之原质而析分之，则见其得自宗教之制裁者若干焉，得自法律之制裁者若干焉，得自社会名誉之制裁者若干焉。而此三者，在今日之中国能有之乎？吾有以知其必不能也。不能而犹云欲以新道德易国民，是所谓磨砖为镜、炊沙求饭也。吾固知言德育者，终不可不求泰西新道德以相补助，虽然，此必俟诸国民教育大兴之后，而断非一朝一夕所能获。而在今日青黄不接之顷，则虽日日闻人说食，而已终不能饱也。况今者无所挟持以为过渡，则国民教育一语，亦不过托诸空言，而实行之日终不可期，是新道德之输入，因此遂绝望也。然则今日所恃以维持吾社会于一线者何在乎？亦曰吾祖宗遗传固有之旧道德而已。（道德与伦理异，道德可以包伦理，伦理不可以尽道德。伦理者或因于时势而稍变其解释，道德则放诸四海而皆准，俟诸百世而不惑者也。如要君之为有罪，多妻则非不德，此伦理之不宜于今者也，若夫忠之德、爱之德，则通古今中西而为一者也，诸如此类不可枚举。故谓中国言伦理有缺点则可，谓中国言道德有缺点则不可。）而"一切破坏"之论兴，势必将并取旧道德而亦摧弃之。呜呼！作始也简，将毕也巨。见披发于伊川，知百年而为戎。毋曰吾姑言之以快一时云尔。汝之言而无力耶，则多言奚为？汝之言而有力耶，遂将以毒天下。吾愿有言责者一深长思也。

　　读者其毋曰：今日救国之不暇，而哓哓然谈性说理何为也。诸君而非自认救国之责任也，则四万万人之腐败，固已久矣，而岂争区区少数之诸君？唯中国前途悬于诸君，故诸君之重视道德与蔑视道德，乃国之存亡所由系也。今即以破坏事业论，诸君亦知二百年前英国革命之豪杰为何如人乎？彼克林威尔实最纯洁之清教徒也。亦知百年前美国革命之豪杰为何如人乎？彼华盛顿所率者皆最质直善良之市民也。亦知三十年前日本革命之豪杰为何如人乎？彼吉田松阴、西乡南洲辈皆朱学、王学之大儒也。故非有大不忍人之心者，不可以言破坏，非有高尚纯洁之性者，不可以言破坏。

虽然，若此者，言之甚易，行之实难矣。吾知其难而日孜孜焉兢业以自持，困勉以自勖，以忠信相见，而责善于友朋，庶几有济；若乃并其所挟持以为破坏之具者而亦破坏之，吾不能为破坏之前途贺也。吾见世之论者以革命热之太盛，乃至神圣洪秀全而英雄张献忠者有焉矣，吾亦知其为有为而发之言也。然此等孽因可多造乎！造其因时甚痛快，茹其果时有不胜其苦辛者矣。夫张献忠更不足道矣，即如洪秀全，或以其所标旗帜有合于民族主义也，而相与颂扬之，究竟洪秀全果为民族主义而动否，虽论者亦不敢为作保证人也。王莽何尝不称伊周？曹丕何尝不法禹舜？亦视其人何如耳。大抵论人者必于其心术之微。其人而小人也，不能以其与吾宗旨偶同也，而谓之君子。如韩侂胄之主伐金论，我辈所最赞者，然赞其论不能赞其人也。其人而君子也，不能以其与吾宗旨偶牾也，而竟斥为小人。王猛之辅苻秦，我辈所最鄙者，然鄙其事不能抹杀其人也。尚论者如略心术而以为无关重轻也，夫亦谁能尼之；但使其言而见重于社会也，吾不知于社会全体之心术所影响何如耳。不宁唯是而已，夫鼓吹革命，非欲以救国耶？人之欲救国，谁不如我？而国终非以此"瞎闹派"之革命所可得救；非唯不救，而又以速其亡，此不可不平心静气而深察也。论者之意必又将曰：非有瞎闹派开其先，则实力派不能收其成。此论之是否，属于别问题，兹不深辩。今但问论者之意，欲自为瞎闹派，且使听受吾言者悉为瞎闹派乎？恐君虽欲自贬损，而君之地位固有所不能也。即使能焉，而举国中能瞎闹之人正多，现在未来瞎闹之举动亦自不少，而岂待君之入其间而添一蛇足也？而更何待君之从旁劝驾也？况君之言，皆与彼无瞎闹之资格者语，而其有瞎闹之资格者，又非君之笔墨势力范围所能及也。然则吾侪今日亦务为真救国之事业，且养成可以真救国之人才而已。诚如是也，则吾以为此等利口快心之言可以已矣。昔曹操下教，求不仁不孝而有治国用兵之术者。彼其意岂不亦曰吾以救一时云尔，而不知流风所播，遂使典午以降，廉耻道丧。五胡迭侵，元魏凭陵，黄帝子孙势力之坠地，即自兹始。此中消息，殆如铜山西崩，洛钟东应，感召之机，铢黍靡忒。呜呼，可不深惧耶！可不深惧耶！其父攫金，其子必将杀人；京中高髻，四方必高一尺。今以一国最少数之先觉，号称为得风气之先者，后进英豪，具尔瞻焉，苟所以为提倡者一误其途，吾恐功之万不足以偿其罪也。古哲不云乎，两军相对，哀者胜矣。今日稍有知识稍有血性之士，对于政府而有一重大敌，对于列强而复有一重大敌，其所以兢兢业业蓄养势力者宜何如？实力安在？吾以为学识之开通，运动之预备，皆其余事，而唯道德为之师。无道德观念以相处，则两人且不能为群，而更何事之可图也。自起楼而自摧烧之，自莳种而自践踏之，以云能破坏则诚有矣，独惜其所破坏者，终在我而不在敌也。曾文正者，近日排满家所最唾骂者也，而吾则愈更事而愈崇拜其人。吾以为使曾文正生今日而犹壮年，则中国必由其手而获救矣。彼唯以天性之极纯厚也，故虽行破坏可也；唯以修行之极严谨也，故虽用权变可也。故其言曰扎硬寨，打死仗；曰多条理，少大言；曰不为圣贤，便为禽兽；莫问收获，但问耕耘。彼其事业之成，有所以自养者在也，彼其能率厉群贤以共图事业之成，有所以孚于人且善导人者在也。吾党不欲澄清天下则已，苟有此志，则吾谓《曾文正集》不可不日三复也。夫以英美、日本之豪杰证之则如彼，以吾祖国之豪杰证之则如此，认救国之责任者，其可以得师矣。

吾谓破坏家所破坏者，往往在我而不在敌，闻者或不慊焉。盖倡破坏者，自其始断未有立意欲自破坏焉者也，然其势之所趋多若是，此不徒在异党派有然也，即同党派亦然。此其何故欤？窃尝论之，共学之与共事，其道每相反，此有志合群者所不可不兢兢也。当其共学也，境遇同，志趣同，思想同，言论同，耦俱无猜，谓相将携手以易天下。及一旦出而共事，则各人有各人之性质，各人有各人之地位，一到实际交涉，则意见必不能尽同，手段必不能尽同。始而相规，继而相争，继而相怨，终而相仇者往往然矣。此实中西历史上所常见，而豪杰所不免也。谚亦有之："相见好，同住难。"在家庭、父子、兄弟、夫妇之间尚且有然，而朋友又其尤甚者也。于斯时也，唯彼此道德之感情深者，可以有责善而无分离。观曾文正与王璞山、李次青二人交涉之历史，可以知其故矣。读者犹疑吾言乎，请悬之以待足下实际任事之日，必有不胜其感慨者。夫今之志士，必非可以个个分离孤立而能救此濒危之国明也，其必协同运动，组成一分业精密团结巩固之机体，庶几有济。吾思之，吾重思之，此机体之所以成立，舍道德之感情，将奚以哉！将奚以哉！

且任事者，最易漓汩人之德性，而破坏之事，又其尤甚者也。当今日人心腐败达于极点之时，机变之巧，迭出相尝，太行孟门，岂云巉绝，曾文正与其弟书云："吾自信亦笃实人，只为阅历世途，饱更事变，略参些机权作用，倒把自家学坏了。"以文正之贤，犹且不免，而他更何论也。故在学堂里讲道德尚易，在世途上讲道德最难。若夫持破坏主义者，则更时时有大敌临于其前，一举手，一投足，动须以军略出之。而所谓军略者，又非如两国之交绥云也，在敌则挟其无穷之威力以相临，在我则偷期密约，此迁彼就，非极机巧，势不能不归于劣败之数。故破坏家之地位之性质，尝与道德最不能相容者也。是以躬亲其役者，在初时或本为一极朴实极光明之人，而因其所处之地位所习之性质，不知不觉而渐与之俱化，不一二年，而变为一刻薄寡恩机械百出之人者有焉矣。此实最可畏之试验场也。然语其究竟，则凡走入刻薄机诈一路者，固又断未有能成一事者也。此非吾撷拾《宋元学案》上理窟之空谈，实则于事故上证以所见者所历者，而信其结果之必如是也。夫任事者修养道德之难既若彼，而任事必须道德之急又若此，然则当兹冲者，可不栗栗耶！可不孳孳耶！《诗》曰："毋教猱升木，如涂涂附。"息息自克，犹惧未能挽救于万一，稍一自放，稍一自文，有一落千丈而已。

　　问者曰：今日国中种种老朽社会，其道德上之黑暗不可思议，今子之所论，反乃偏责备于新学之青年，新学青年虽或间有不德，不犹愈于彼等乎？

　　答之曰：不然。彼等者无可望无可责者也，且又非吾笔墨之势力范围所能及也。中国已亡于彼等之手，而唯冀新学之青年致死而之生之，若青年稍不慎，而至与彼等同科焉，则中国遂不可救也。此则吾哓音瘏口之微意也。

敬告国中之谈实业者

今日举国上下，蹙蹙然患贫。叩其所以求贫者，则皆曰振兴实业。夫今日中国之不可以不振兴实业，固也，然全国人心营目注嚣嚣然言振兴实业者，亦既有年矣。上之则政府设立农工商部设立劝业道，纷纷派员奔走各国考查实业，日不暇给，乃至悬重爵崇衔以奖励创办实业之人，即所派游学及学生试验，亦无不特重实业，其所以鼓舞而助长之者，可谓至极。下之则举办劝业会、共进会，各城镇乃至海外侨民悉立商会，各报馆亦极力鼓吹，而以抵制外货挽回利权之目的创立公司者，所在多有，其呈部注册者，亦不下千家。宜若举国实业界之气象，必有以昭苏于前，乃夷考其实，则不唯未兴者不能兴，而已举者且尽废，国家破产之祸，且迫于眉睫。先民有言：困于心，衡于虑，然后作。又曰：知困然后能自强。夫人于其所欲为之事而不能遂，则必穷思其所以不能遂之故，排其阻力，而辟其坦途，其庶有能遂之一日。今我国人前此既憒然无所觉，及今几经败绩失据，犹复漠然无所动于中，不唯当局施政，不思改辙，既有言论之责者，亦未闻探本穷源以正告国人而共谋挽救，吾实痛之。乃述所怀以为此文，所宜陈者万端，此不过其一二耳。

我国自昔非无实业也，士、农、工、商，国之石民，数千年来，既有之矣，然则曷为于今日而始昌言实业？得毋以我国固有之实业，不足与外国竞，今殆堙塞以尽，情见势绌，不得不思所以振其敝也。是故今国中人士所奔走呼号以言振兴实业者，质而言之，则振兴新式之企业而已。（企业二字乃生计学上一术语，译德文之 Unternehmung，法文之 Entreprise。英人虽最长于企业，然学问上此观念不甚明了，故无确当之语。）新式企业，所以异于旧式者不一端。举其最显著者，则规模大小之悬殊是也。旧式企业，率以一人或一家族经营之，或雇用少数人而已。新式企业，则所用人少者以百数，至多乃至数十万也。旧式企业，资本虽至毂薄，犹有办法。新式企业，则资本恒自数万以迄数千万也。夫新式企业所以日趋于大规模者何也？盖自机器骤兴，工业革命，交通大开，竞争日剧，凡中小企业，势不能以图存，故淘汰殆尽，而仅余此大企业之一途也。企业规模既大，则一人之力，势不能以独任。故其组织当取机关合议之体，乃能周密，与旧式之专由一二人独裁者有异。其资本必广募于公众，乃能厚集，而与旧式之一人独任或少数人酿出者有异。质而言之，则所谓新式企业者，以股份有限公司为其中坚者也。今日欲振兴实业，非先求股份有限公司之成立发达不可。此举国稍有识者所能见及，无俟余喋喋也。然中国今日之政治现象、社会现象，则与股份有限公司之性质，最不相容者也。苟非取此不相容者排而去之，则中国实业永无能兴之期。请言其理。

第一，股份有限公司必在强有力之法治国之下，乃能生存，中国则不知法治为何物也。

寻常一私人之营业，皆负无限责任，苟其业有亏岨，则罄其所有财产之全部以偿通负。（我国习惯则亲属及子孙之财产且往往波及矣。）故稍知自爱之企业家，恒谨慎将事，鲜有弊窦，即不幸而失败，则债权者亦不至大受其累。股份有限公司之性质则不然，股东除交纳股银外，无复责任，其各职员等亦不过为公司之机关，并非以其身代公司全负债务上之责任。质言之，其在寻常私人营业，则企业人与所企业之合为一体者也；其在股份有限公司，则公司自为一人格，自为一权利义务之主体，而立夫股东与各职员之外者也。唯以公司之财产，处理公司之债务，而外此一无所问，此其为道本甚险，故国家须有严重之法律以防闲之。今各国所以监督此种公司者，有法律以规定其内部各种机关，使之互相钳制；有法律以强逼之，使将其业务之状态，明白宣示于大众，无得隐匿；有法律以防其资本之抽蚀暗销，毋使得为债权者之累，其博深切明有如此也。中国近日亦有所谓公司律者矣，其律文鲁莽灭裂，毫无价值，且勿论。借曰律文尽善，而在今日政治现象之下，法果足以为民保障乎？中国法律，颁布自颁布，违反自违反，上下恬然，不以为怪。西哲有恒言，国之治乱，亦于其国民安于法律状态与否判之而已。中国国民，则无一日能安于法律状态者也。夫有法而不行，则等于无法。今中国者，无法之国也。寻常私人营业，有数千年习惯以维持之，虽无法犹粗足自存，此种新式企业，专恃法律之监督保障以为性命，纪纲颓紊如中国者，彼在势固无道以发荣也。

第二，股份有限公司必责任心强固之国民，始能行之而寡弊，中国人则不知有对于公众之责任者也。

股份公司之办理成效，所以视私人营业为较难者，私人营业，其赢也则自享其利，其衄也则自蒙其害，故营之者恒忠于厥职。股份公司不然，其职员不过占有公司股份之一小部耳，而营业赢亏，皆公司所受，其赢也利非我全享，其衄也害非我独蒙，故为公司谋，恒不如其自为谋之忠，人之情矣。其尤不肖者，则借公司之职务以自营其私。虽在欧美诸国，法律至严明，而狡者尚能有术以与法相遁，而况于绝无纲纪之中国乎？此公司职员克尽责任者所以难其人也。抑纠问职员责任者，实唯股东。而公司之股份，其每股金额恒甚少，为股东者，恒非举其财产之全部，投诸股份。即多投矣，而未必悉投诸一公司。且股份之为物，随时可以转卖。其在东西诸国，购买股份者，其本意大率非在将来收回股本，但冀股价幸涨，则售去以获利耳。此公司股东之克尽责任者所以尤不易也。然非有此种责任心，则股份公司之为物，决不能向荣而勿坏。彼英人所以以商战雄于天下者，以其责任心最强也。而今世各国之教育，所以提倡商业道德者，不遗余力，亦以苟不务此，则一切实业，将无与立也。中国人心风俗之败坏，至今日而已极，人人皆先私而后公。其与此种新式企业之性质，实不能相容，故小办则小败，大办则大败。即至优之业，幸而不败者，亦终不能以发达。近数十年来，以办股份公司之故，而耗散国民资本者，其公司盖不下数千百，其金钱盖不下数万万。今固无从缕举，其最显著者，则有若招商局，有若粤汉、川汉各铁路，有若大清、交通、公益、信义各银行，皆其前车也。就股东一方面观之，以法律状态不定，不能行确实之监督权，固也。而股东之怠于责任亦太甚，乃至并其所得行之权限而悉放弃之，以致职员作弊益肆无忌惮。阻公司之发达者，则职员与股东，实分任其咎也。大抵股份公司之为物，与立宪政体之国家最相类。公司律则譬犹宪法也，职员则譬犹政府官吏也，股东则譬犹全体国民也。政府官吏而不自省其身为受国民之委任，不以公众责任置胸臆，而唯私是谋，国未有能立者。而国民怠于监督政府，则虽有宪法，亦成僵石。是故新式企业，非立宪国则不能滋长，盖人民必生活于立宪政体之下，然后公共观念与责任心乃日盛，而此两者即股份公司之营魂故也。

（附言）中国之股份公司，其股东所以不能举监督之实而坐令职员专横者，尚有特别之原因数端。（其一）每股所收股银太少。如近年所办诸铁路，以资本千万元以上之公司，而每股率皆收五元。此虽有广募普及之利，然使大多数之股东，既视股为不足轻重于己，复视己为不足轻重于公司，则易导其放弃权利之心。夫放弃权利，即放弃义务也。盖冥冥之中，其损害实业界之风纪者莫甚焉。（其二）公司之成立，往往不以企业观念为其动机。如近年各铁路公司、矿业公司等，大率以挽回国权之思想而发起之。其附股者以是为对于国家之义务，而将来能获利与否，暂且勿问。此其纯洁之理想，宁不可敬。虽然，生计行为不可不率循生计原则，其事固明明为一种企业，而等资本于租税，义有所不可也。以故职员亦自托于为国家尽义务，股东且以见义勇为奖之，不忍苛加督责，及其营私败露，然后从而掊击之，则所损已不可复矣。此等公私杂糅、暧昧不明之理想，似爱国而实以病国也。（其三）凡公司必有官利，此实我国公司特有之习惯，他国所未尝闻也。夫营业盈亏，岁岁不同，势难预定。若虽遇营业状况不佳之时，亦必须照派定额之官利，则公司事业安能扩充？基础安能稳固？故我国公司之股份，其性质与外国之所谓股份者异，而反与基所谓社债者同。夫持有社债券者，唯务本息有着，而于公司事非所问，此通例也。我国各公司之股东，乃大类是，但求官利之无缺而已。职员因利用此心理，或高其官利以诱人，其竟由资本内割出分派者，十而八九。（最著者如奥汉、川汉、江西等铁路公司，集成股本，数年，路未筑成一里，而年年将股本派息。中外古今岂闻有此种企业法耶？）股东初以其官利有着也，则习而安之，不知不数年而资本尽矣。此数者皆足以阻股份公司之发达，后之君子，宜以为戒也。

公共观念与责任心之缺乏，其为股份公司之阻力者既若彼矣，而官办之业则尤甚。今世各国，或以匡民力所不逮，或以防自由竞争之弊，往往将特种事业，提归官办，而于全国国民生计，所补滋多。而股份公司之缺点，时或缘官办而多所矫正，何也？官吏责任分明，惩戒严重，其营私作弊，不如公司职员之易，而人民监督政治之机关至完密，益不容其得自恣也。我国则异是。官吏以舞文肥己为专业，而人民曾莫敢抗，虽抗亦无效，故官办事业，其秽德更十百于公司。近年来全国资本荡然无复存者，岂非官办实业蚀其十八九耶？故我国民诚不愿现政府之代我振兴实业。更振兴者，举国为沟中瘠矣。

第三，股份有限公司必赖有种种机关与之相辅，中国则此种机关全缺也。

股份有限公司之利便于现今生计社会者不一端，然其最大特色，则在其股票成为一种之流通有价证券，循环转运于市面，使金融活泼而无滞也。盖寻常企业，必须俟其企业完了之后，始能将老本收回。（例如以千金开一铺店，无论每年所得溢利几何，要之，皆此千金之子息。若欲将原来之千金收回，则必在店铺收盘以后也。）股份公司之股票，则不然。吾今日买得之，若明日需用现钱，或见为有利，可以立刻转卖之。即不转卖，而以抵押于银行，亦可以得现钱。股票之转卖抵押，虽一日千变，而公司营业之资本，丝毫不受其影响。其为物至灵活而富于伸缩力，既便于公司，复便于股东，而尤便于全社会之金融。故其直接间接以发达实业，效至博也。而所以能收此效者，则赖有二大机关焉以夹辅之，一曰股份懋迁公司，二曰银行。股份懋迁公司为转买转卖之枢纽，银行为抵押之尾闾。不宁唯是，即当招股伊始，其股票之所以得散布于市面者，亦恒借股份懋迁公司及银行以为之媒介。今中国既缺此两种机关，于是凡欲创立公司者，其招股之法，则唯有托亲友辗转运动而已。更进则在报上登一告白，令欲入股者来与公司直接交涉而已。以此而欲吸集多数之资本，其难可想也。而股东之持有股票者，则唯藏诸箧底，除每年领些少利息外，直至公司停办时，始收回老本耳。若欲转卖抵押，则又须辗转托亲友以求人与我直接，非唯不便，且将因此受损失焉。夫股份有限公司所以能为现今生产界之一利器者，在于以股票作为一种商品，使全社会之资本，流通如转轮。（公司所产之物，既为商品矣，而公司之资本复以证券之形式而变为商品。是故公司之土地、房屋、机器等，本已将资本变为固定性，宜若除公司外，同时更无人能利用之矣。然寄其价值于股票中，则忽能复变为流动性，得以辗转买卖、抵押，是同时有多数人得利用本公司固定资本之一部分，以为新资本也。故社会资本之效力，可以陡增十百倍。凡有价证券，皆以增加资本效力为作用者也，岂唯股票？彼国债、地方债、社债等，皆同此作用者也。又银行之兑换券、期票、汇票、支票、拨数账簿等，皆同此作用者也。欧美各国有此种种利器，常能以一资本而当十百资本之用，其所以致富皆在此。我国人最当知其故，而师其意也。）我国股份公司，全不能有此作用，是股份公司之特色，失其强半矣。是故人之持有资本者，宁以之自营小企业，或贷之于人以取息，而不甚乐以之附公司之股，此亦股份公司不能发达之一大原因也。

（附言）股份懋迁公司及银行，今世诸国，大率以股份有限之形式创立之者居多数，是故苟非股份有限之观念稍为普及，则此两种机关殆难发生。且股份懋迁公司，本以有价证券之买卖媒介为业，公司不发达，则股票之上于市场者少，安所得懋迁之目的物？即银行业苟非得各种有价证券以为保管抵押之用，则运用之妙，亦无所得施。而股份公司不发达，则商业无自繁荣，银行业务，亦坐是不能扩充。故股份有限公司与此两种机关者，迭相为因，迭相为果。（实则此两种机关大率以股份有限之形式组织之，不过股份有限公司中之一种，此特就有、特有之作用分别言之耳。）谈实业者宜同时思所以建设之也。

第四，股份有限公司，必赖有健全之企业能力，乃能办理有效，中国则太乏人也。

凡实业之须以股份有限公司之形式而举办之者，必其为大规模之企业，而一二人之力不能举者也。而既已为大规模之企业，则非夫人而能任者也。盖其公司之内部机关复杂规模愈大，则事务之繁重愈甚。盖为一小国之宰相易，为一大公司之总理难，非过言也。言夫对外，则以今世生计界之竞争，其剧烈殆甚于军事。非具有生计学之常识，富于实际阅历，而复佐之以明敏应变之天才，以之当经营之冲，鲜不败矣。白圭有言：吾治生产，犹伊尹、吕尚之谋，孙吴用兵，商鞅行法，是故其智不足以权变，勇不足以决断，仁不能以取予，强不能有所守，虽欲学吾术，终不告之矣。夫白圭之时代且有然，况今日生计界之现象，其繁赜诡变，千百倍于古昔而未有已耶？故古代之英雄，多出于政治家与军人；今日之英雄，强半在实业界。今各国之巍然为工商界重镇者，皆其国中第一流人物也。我国自昔贱商，商人除株守故业，计较锱铢外，无他思想。士大夫更鄙夷兹业不道。盖举国人士，能稍解生计学之概略，明近世企业之性质者，已屈指可数。若夫学识与经验兼备，能施诸实用者，殆无其人。每当设立一公司，则所恃以当经营之大任者，其人约有四种。最下者，则发起人，本无企业之诚心，苟以欺人而自营私利，公司成则自当总理据以舞弊者也。稍进者，则任举一大绅，不问其性行才具如何，唯借其名以资镇压者也。（近年各省之铁路公司皆类此。）更进者，则举一素在商界朴愿有守之人充之，而其才识能任此事业与否，不及问也。最上者，则举一人焉于此事业之技术上颇有学识经验者充之，而其经营上之才气何如及平素性行何如，不及问也。（如办铁路，则举一铁路工程师为总理；办矿，则举一矿师为总理；办工业公司，则举一工学博士为总理。此其人以当公司中技术一部分之业务，诚为得当，以当总理，安见其可。譬犹一国之宰相，不必其通兵、刑、钱、谷，而通兵、刑、钱、谷之人，虽可以任一官一职，未敢遂许为宰相才也。）彼非不欲求相当之人才，奈遍国中而不可得也。质而言之，则国民企业能力缺乏而已。夫以无企业能力之国民而侈谈实业，是犹躄者言竞走，聋者言审音也。以故近年以来所设立之公司，其资本微薄范围狭隘者容或有成，资本稍大范围稍广者则罕不败；营中国固有旧事业者容或有成，营世界新事业者则罕不败；其事业为外人所不能竞争者容或有成，竞争稍剧烈者则罕不败。苟国民企业能力而长此不进，吾敢断言曰：愈提倡实业，则愈以耗一国之资本，而陷全国人于饿殍而已矣。

　　以上四端，为中国股份有限公司不能发达之直接原因。若其间接原因，则更仆难数。而尤有一原因焉，为股份有限公司与私人营业之总障者，则全国资本涸竭是已。凡人一岁之所入，必以之供一身之衣食住费及仰事俯畜所需而尚有盈余，乃得储之以为资本。而所储之多寡，即一国贫富所攸分也。今日中国千人之中，其能有此项盈余者，盖不得一。即有之者，其数量亦至觳薄。而有资本者，未必为欲企业之人；有资本而欲企业者，又未必为能企业之人。而复无一金融机关以为资本家与企业家之媒介，故并此至觳薄之资本，亦不能以资生计社会之用。以故无论何种形式之企业，皆不能兴举。举国之人，唯束手以待槁饿之至而已。此则中国今日生计界之实状也。

　　或曰：借外债则可以苏资本涸竭之病。此实现今号称识时务之俊杰所最乐道也。外债之影响于政治者，吾既别为论痛陈之。若其影响于国民生计者，为事尤极复杂，更非可以执一义而轻作武断也。大抵在政治修明教育发达之国，其于国民生计上一切直接间接之机关略已具备，国民企业能力略已充实，其所缺者仅在资本一端，于此而灌溉以外债，常能以收奇效。（美国、日本是也。）而不然者，则外债唯益其害，不睹其利也。盖金融机关不备，则虽广输入外资，而此资固无道以入企业家之手以资其利用，则徒以供少数人之消费，而直接间接以酿成一国奢侈之风，益陷国家于贫困已耳。苟人民无公共责任心，重以企业能力缺乏，则所营之业，将无一而不失败，掷资本于不可复之地，亦以陷国家于贫困已耳。故谓外债可以为振兴实业之导线者，犹是不揣其本而齐其末，未可云知言也。

　　然则中国欲振兴实业，其道何由？曰：首须确定立宪政体，举法治国之实，使国民咸安习于法律状态。次则立教育方针，养成国民公德，使责任心日以发达。次则将企业必须之机关，——整备之无使缺。次则用种种方法，随时掖进国民企业能力。四者有一不举，而哓哓然言振兴实业，皆梦呓之言也。然养公德、整机关、奖能力之三事，皆非借善良之政治不能为功，故前一事又为后三事之母也。昔有人问拿破仑以战胜之术，拿破仑答之，一则曰金，再则曰金，三则亦曰金。试有人问我以中国振兴实业之第一义从何下手？吾必答曰改良政治组织，然则第二义从何下手，吾亦答曰改良政治组织；然则第三义从何下手，吾亦唯答曰改良政治组织。盖政治组织诚能改良，则一切应举者自相次毕举。政治组织不能改良，则多举一事即多丛一弊。与其举之也，不如其废之也。然则所谓改良政治组织者奈何？曰：国会而已矣，责任内阁而已矣。

　　今之中国，苟实业更不振兴，则不出三年，全国必破产，四万万人必饿死过半。吾既已屡言之，国中人亦多见及之。顾现在竞谈实业，而于阻碍实业之痼疾，不深探其源而思所以抉除之，则所谓振兴实业者，适以为速国家破产之一手段。吾国民苟非于此中消息参之至透，辨之至晰、忧之至深、救之至勇，则吾见我父老兄弟甥舅，不及五稔，皆转死于沟壑而已。呜呼！吾口已瘏，吾泪已竭，我父老兄弟甥舅，其亦有闻而动振于厥心者否耶？

科学精神与东西文化

一

今日我感觉莫大的光荣，得有机会在一个关系中国前途最大的学问团体——科学社的年会来讲演。但我又非常惭愧而且惶恐，像我这样对于科学完全门外汉的人，怎样配在此讲演呢？这个讲题——"科学精神与东西文化"，是本社董事部指定要我讲的。我记得科举时代的笑话：有些不通秀才去应考，罚他先饮三斗墨汁，预备倒吊着滴些墨点出来。我今天这本考卷，只算倒吊着滴墨汁，明知一定见笑大方。但是句句话都是表示我们门外汉对于门内的"宗庙之美百官之富"如何欣羡、如何崇敬、如何爱恋的一片诚意。我希望国内不懂科学的人或是素来看轻科学、讨厌科学的人听我这番话得多少觉悟，那么，便算我个人对于本社一点贡献了。

近百年来科学的收获如此其丰富：我们不是鸟，也可以腾空；不是鱼，也可以入水；不是神仙，也可以和几百千里外的人答话；……诸如此类，哪一件不是受科学之赐？任凭怎么顽固的人，谅来"科学无用"这句话，再不会出诸口了？然而中国为什么直到今日还得不着科学的好处？直到今日依然成为"非科学的国民"呢？我想，中国人对于科学的态度，有根本不对的两点：

其一，把科学看太低了，太粗了。我们几千年来的信条，都说的"形而上者谓之道，形而下者谓之器""德成而上艺成而下"，这一类话。

多数人以为：科学无论如何高深，总不过属于艺和器那部分，这部分原是学问的粗迹，懂得不算稀奇，不懂得不算耻辱。又以为：我们科学虽不如人，却还有比科学更宝贵的学问，——什么超凡入圣的大本领，什么治国平天下的大经纶，件件都足以自豪；对于这些粗浅的科学，顶多拿来当一种补助学问就够了。因为这种故见横亘在胸中，所以从郭筠仙、张香涛这班提倡新学的先辈起，都有两句自鸣得意的话，说什么"中学为体，西学为用"。这两句话现在虽然没有从前那么时髦了，但因为话里的精神和中国人脾胃最相投合，所以话的效力，直到今日，依然为变相的存在。老先生们不用说了，就算这几年所谓新思潮、所谓新文化运动，不是大家都认为蓬蓬勃勃有生气吗？试检查一检查他的内容，大抵最流行的莫过于讲政治上、经济上这样主义那样主义，我替他起个名字叫作西装的治国平天下大经纶；次流行的莫过于讲哲学上、文学上这种精神那种精神，我也替他起个名字叫作西装的超凡入圣大本领。至于那些脚踏实地平淡无奇的科学，试问有几个人肯去讲求？——学校中能够有几处像样子的科学讲座？有了，几个人肯去听？出版界能够有几部有价值的科学书，几篇有价值的科学论文？有了，几个人肯去读？我固然不敢说现在青年绝对的没有科学兴味，然而兴味总不如别方面浓。须知，这是积多少年社会心理遗传下来，对于科学认为"艺成而下"的观念，牢不可破；直到今日，还是最爱说空话的人的最受社会欢迎。做科学的既已不能如别种学问之可以速成，而又不为社会所尊重，谁肯埋头去学他呢？

其二，把科学看得太呆了，太窄了；那些绝对的鄙厌科学的人且不必责备，就是相对的尊重科学的人，还是十个有九个不了解科学性质。他们只知道科学研究所产结果的价值，而不知道科学本身的价值；他们只有数学、几何学、物理学、化学……概念，而没有科学的概念。他们以为学化学便懂化学，学几何便懂几何；殊不知并非化学能教人懂化学，几何能教人懂几何，实在是科学能教人懂化学和几何。他们以为只有化学、数学、物理、几何……才算科学，以为只有学化学、数学、物理、几何……才用得着科学；殊不知所有政治学、经济学、社会学……只要够得上一门学问的，没有不是科学。我们若不拿科学精神去研究，便做哪一门子学问也做不成。中国人因为始终没有懂得"科学"这个字的意义，所以五十年前很有人奖励学制船、学制炮，却没有人奖励科学；近十几年学校里都教的数学、几何、化学、物理，但总不见教会人做科学；或者说：只有理科、工科的人们才要科学，我不打算当工程师，不打算当理化教习，何必要科学？中国人对于科学的看法大率如此。

我大胆说一句话：中国人对于科学这两种态度倘若长此不变，中国人在世界上便永远没有学问的独立；中国人不久必要成为现代被淘汰的国民。

二

科学精神是什么？我姑从最广义解释："有系统之真知识，叫作科学；可以教人求得有系统之真知识的方法，叫作科学精神。"这句话要分三层说明：

第一层，求真知识。知识是一般人都有的，乃至连动物都有；科学所要给我们的，就争一个"真"字。一般人对于自己所认识的事物，很容易便信以为真；但只要用科学精神研究下来，越研究便越觉求真之难。譬如说"孔子是人"，这句话不消研究，总可以说是真，因为人和非人的分别是很容易看见的。譬如说"老虎是恶兽"，这句话真不真便待考了：欲证明他是真，必要研究兽类具备某种某种性质才算恶，看老虎果曾具备了没有？若说老虎杀人算是恶，为什么人杀老虎不算恶？若说杀同类是恶，只听见有人杀人，从没听见老虎杀老虎，然则人容或可以叫作恶兽，老虎却绝对不能叫作恶兽了。譬如说"性是善"，或说"性是不善"，这两句话真不真，越发待考了：到底什么叫作"性"，什么叫作"善"，两方面都先要弄明白，倘如孟子说的性唎、情唎、才唎，宋儒说的义理唎、气质唎，闹成一团糟，那便没有标准可以求真了。譬如说"中国现在是共和政治"，这句话便很待考：欲知他真不真，先要把共和政治的内容弄清楚，看中国和他合不合。譬如说"法国是共和政治"，这句话也待考：欲知他真不真，先要问"法国"这个字所包范围如何，若安南也算法国，这句话当然不真了。看这几个例，便可以知道：我们想对于一件事物的性质得有真知灼见，很是不容易。要钻在这件事物里头去研究，要绕着这件事物周围去研究，要跳在这件事物里头去研究，种种分析研究结果，才把这件事物的属性大略研究出来，算是从许多相类似容易混淆的个体中，发现每个个体的特征。换一个方向，把许多同有这种特征的事物，归成一类，许多类归成一部，许多部归成一组，如是综合研究的结果，算是从许多各自分离的个体中发现出他们相互间的普遍性。经过这种种功夫，才许你开口说"某件事物的性质是怎么样"。这便是科学第一件主要精神。

第二层，求有系统的真知识。知识不但是求知道一件一件事物便了，还要知道这件事物和那件事物的关系；否则零头断片的知识全没有用处。知道事物和事物相互关系，而因此推彼，得从所已知求出所未知，叫作有系统的知识。系统有二：一竖，二横。横的系统，即指事物的普遍性——如前段所说。竖的系统，指事物的因果律——有这件事物，自然会有那件事物；必须有这件事物，才能有那件事物；倘若这件事物有如何如何的变化，那件事物便会有或才能有如何如何的变化；这叫作因果律。明白因果，是增加新知识的不二法门，因为我们靠他才能因所已知推见所未知；明白因果，是由知识进到行为的向导，因为我们预料结果如何，可以选择一个目的做去。虽然因果是不轻容易谈的：第一，要找得出证据；第二，要说得出理由。因果律虽然不能说都要含有"必然性"，但总是愈逼近"必然性"愈好；最少也要含有很强的"盖然性"；倘若仅属于"偶然性"的便不算因果律。譬如说："晚上落下去的太阳，明早上一定再会出来。"说："倘若把水煮过了沸度，他一定会变成蒸汽。"这等算是含有必然性，因为我们积千千万万回的经验，却没有一回例外；而且为什么如此，可以很明白地说出理由来。譬如说："冬间落去的树叶明年春天还会长出来。"这句话便待考；因为再长出来的并不是这块叶，而且这树也许碰着别的变故再也长不出叶来。譬如说："西边有虹霓，东边一定有雨"，这句话越发待考；因为虹霓不是雨的原因，他是和雨同一个原因，或者还是雨的结果。翻过来说："东边有雨，西边一定有虹霓"，这句话也待考；因为雨虽然可以为虹霓的原因，却还须有别的原因凑拢在一处，虹霓才会出来。譬如说："不孝的人要着雷打"，这句话便大大待考；因为虽然我们也曾听见某个不孝着雷，但不过是偶然的一回，许多不孝的人不见得都着雷，许多着雷的东西不见得都不孝；而且宇宙间有个雷公会专打不孝人，这些理由完全说不出来。譬如说："人死会变鬼"，这句话越发大大待考；因为从来得不着绝对的证据，而且绝对的说不出理由。譬如说："治极必乱，乱极必治"，这句话便很要待考；因为我们从中国历史上虽然举出许多前例，但说治极是乱的原因，乱极是治的原因，无论如何，总说不下去。譬如说："中国行了联省自治制后一定会太平"，这话也待考；因为联省自治虽然有致太平的可能性，无奈我们未曾试过。看这些例，便可知我们想应用因果律求得有系统的知识，实在不容易。总要积无数的经验——或照原样子继续忠实观察，或用人为的加减改变试验，务找出真凭实据，才能确定此事物与彼事物之关系。这还是第一步。再进一步，凡一事物之成毁，断不止一个原因，知道甲和乙的关系还不够，又要知道甲和丙、丁、戊等关系；原因之中又有原因，想真知道乙和甲的关系，便须先知道乙和庚、庚和辛、辛和壬等关系。不经过这些功夫，贸贸然下一个断案说某事物和某事物有何等关系，便是武断，便是非科学的。科学家以许多有证据的事实为基础，逐层看出他们的因果关系，发明种种含有必然性或含有极强盖然性的原则；好像拿许多结实麻绳组织成一张网，这网愈织愈大，渐渐的涵盖到这一组知识的全部，便成了一门科学。这是科学第二件主要精神。

第三层，可以教人的知识。凡学问有一个要件，要能"传与其人"。人类文化所以能成立，全由于一人的知识能传给多数人，一代的知识能传给次代。我费了很大的工夫得一种新知识，把他传给别人，别人费比较小的工夫承受我的知识之全部或一部，同时腾出别的工夫又去发明新知识。如此教学相长，递相传授，文化内容，自然一日一日的扩大。倘若知识不可以教人，无论这项知识怎样的精深博大，也等于"人亡政息"，于社会文化绝无影响。

中国凡百学问，都带一种"可以意会不可以信传"的神秘性，最足为知识扩大之障碍。例如医学，我不敢说中国几千年没有发明，而且我还信得过确有名医，但总没有法传给别人，所以今日的医学，和扁鹊、仓公时代一样，或者还不如。又如修习禅观的人，所得境界，或者真是圆满庄严，但只好他一个人独享，对于全社会文化竟不发生丝毫关系。中国所有学问的性质，大抵都是如此。这也难怪：中国学问，本来是由几位天才绝特的人"妙手偶得"——本来不是按部就班地循着一条路去得着，何从把一条应循之路指给别人？科学家恰恰相反：他们一点点知识，都是由艰苦经验得来。他们说一句话总要举出证据，自然要将证据之如何搜集、如何审定一概告诉人。他们主张一件事总要说明理由，理由非能够还原不可，自然要把自己思想经过的路线，顺次详叙。所以别人读他一部书或听他一回讲义，不唯能够承受他研究所得之结果，而且一并承受他如何能研究得此结果之方法，而且可以用他的方法来批评他的错误。方法普及于社会，人人都可以研究，自然人人都会有发明。这是科学第三件主要精神。

三

中国学术界，因为缺乏这三种精神，所以生出如下之病症：

一、笼统。标题笼统——有时令人看不出他研究的对象为何物。用语笼统——往往一句话容得几方面解释。思想笼统——最爱说大而无当不着边际的道理，自己主张的是什么，和别人不同之处在哪里，连自己也说不出。

二、武断。立说的人，既不必负找寻证据、说明理由的责任，判断下得容易，自然流于轻率。许多名家著述，不独违反真理而且违反常识的，往往而有。既已没有讨论学问的公认标准，虽然判断谬误，也没有人能驳他；谬误便日日侵蚀社会人心。

三、虚伪。武断还是无心的过失。既已容许武断，便也容许虚伪。虚伪有二：一，语句上之虚伪，如隐匿真证、杜撰假证或曲说理由，等等。二，思想内容之虚伪，本无心得，貌为深秘，欺骗世人。

四、因袭。把批评精神完全消失，而且没有批评能力，所以一味盲从古人，剽窃些绪余过活。所以思想界不能有弹力性随着时代所需求而开拓，倒反留着许多沉淀废质在里头为营养之障碍。

五、散失。间有一两位思想伟大的人，对于某种学术有新发明，但是没有传授与人的方法，这种发明，便随着本人的生命而中断。所以他的学问，不能成为社会上遗产。

以上五件，虽然不敢说是我们思想界固有的病证，这病最少也自秦汉以来受了二千年。我们若甘心抛弃文化国民的头衔，那更何话可说？若还舍不得吗？试想！二千年思想界内容贫乏到如此，求学问的途径榛塞到如此，长此下去，何以图存？想救这病，除了提倡科学精神外没有第二剂良药了。

我最后还要补几句话：我虽然照董事部指定的这个题目讲演，其实科学精神之有无，只能用来横断新旧文化，不能用来纵断东西文化。若说欧美人是天生成科学的国民，中国人是天生成非科学的国民，我们可绝对的不能承认。拿我们战国时代和欧洲希腊时代比较，彼此都不能说是有现代这种崭新的科学精神，彼此却也没有反科学的精神。秦汉以后，反科学精神弥漫中国者两千年，罗马帝国以后，反科学精神弥漫于欧洲者也一千多年。两方比较，我们隋唐佛学时代，还有点"准科学的"精神不时发现，只有比他们强，没有比他们弱。我所举五种病证，当他们教会垄断学问时代，件件都有。直到文艺复兴以后，渐渐把思想界的健康恢复转来，所谓科学者，才种下根苗；讲到枝叶扶疏，华实烂漫，不过最近一百年内的事。一百年的先进后进，在历史上值得计较吗？只要我们不讳疾忌医，努力服这剂良药，只怕将来升天成佛未知谁先谁后哩！我祝祷科学社能做到被国民信任的一位医生；我祝祷中国文化添入这有力的新成分再放异彩！

忧国与爱国

有忧国者，有爱国者。爱国者语忧国者曰：汝曷为好言国民之所短？曰：吾唯忧之之故。忧国者语爱国者曰：汝曷为好言国民之所长？曰：吾唯爱之之故。忧国之言，使人作愤激之气，爱国之言，使人厉进取之心，此其所长也；忧国之言，使人堕颓放之志，爱国之言，使人生保守之思，此其所短也。朱子曰："教学者如扶醉人，扶得东来西又倒。"用之不得其当，虽善言亦足以误天下。为报馆主笔者，于此中消息，不可不留意焉。

今天下之可忧者莫中国若；天下之可爱者，亦莫中国若。吾愈益忧之，则愈益爱之；愈益爱之，则愈益忧之。既欲哭之，又欲歌之。吾哭矣，谁欤踊者？吾歌矣，谁欤和者？

日本青年有问任公者曰：支那人皆视欧人如蛇蝎，虽有识之士，亦不免，虽公亦不免，何也？任公曰：视欧人如蛇蝎者，唯昔为然耳。今则反是，视欧人如神明，崇之拜之，献媚之，乞怜之，若是者，比比皆然，而号称有识之士者益甚。

昔唯人人以为蛇蝎，吾故不敢不言其可爱；今唯人人以为神明，吾故不敢不言其可嫉。若语其实，则欧人非神明、非蛇蝎，亦神明、亦蛇蝎，即神明、即蛇蝎。虽然，此不过就客观的言之耳。若自主观的言之，则我中国苟能自立也，神明将奈何？蛇蝎又将奈何？苟不能自立也，非神明将奈何？非蛇蝎又将奈何？

舆论之母与舆论之仆

凡欲为国民有所尽力者，苟反抗于舆论，必不足以成事。虽然，舆论之所在，未必为公益之所在。舆论者，寻常人所见及者也；而世界贵有豪杰，贵其能见寻常人所不及见，行寻常人所不敢行也。然则豪杰与舆论常不相容，若是豪杰不其殆乎？然古今尔许之豪杰，能灿然留功名于历史上者踵相接，则何以故？

赫胥黎尝论格兰斯顿曰："格公诚欧洲最大智力之人，虽然，公不过从国民多数之意见，利用舆论以展其智力而已。"约翰·摩礼（英国自由党名士，格公生平第一亲交也。）驳之曰："不然。格公者，非舆论之仆，而舆论之母也。格公常言：大政治家不可不洞察时势之真相，唤起应时之舆论，而指导之，以实行我政策。此实格公一生立功成业之不二法门也。盖格公每欲建一策行一事，必先造舆论，其事事假借舆论之力，固不诬也；但其所假之舆论，即其所创造者而已。"

饮冰子曰：谓格公为舆论之母也可，谓格公为舆论之仆也亦可。彼其造舆论也，非有所私利也，为国民而已。苟非以此心为鹄，则舆论必不能造成。彼母之所以能母其子者，以其有母之真爱存也。母之真爱其子也，恒愿以身为子之仆。唯其尽为仆之义务，故能享为母之利权。二者相应，不容假借。豪杰之成功，岂有侥幸耶？

古来之豪杰有二种：其一以己身为牺牲，以图人民之利益者；其二以人民为刍狗，以遂一己之功名者。虽然，乙种之豪杰，非豪杰而民贼也。二十世纪以后，此种虎皮蒙马之豪杰，行将绝迹于天壤。故世界愈文明，则豪杰与舆论愈不能相离。然则欲为豪杰者如之何？曰：其始也，当为舆论之敌；其继也，当为舆论之母；其终也，当为舆论之仆。敌舆论者，破坏时代之事业也；母舆论者，过渡时代之事业也；仆舆论者，成立时代之事业也。非大勇不能为敌，非大智不能为母，非大仁不能为仆，具此三德，斯为完人。

文明与英雄之比例

世界果借英雄而始成立乎？信也。吾读数千年中外之历史，不过以百数十英雄之传记磅礴充塞之；使除出此百数十之英雄，则历史殆黯然无色也。虽然，使其信也，则当十九世纪之末叶，旧英雄已去，新英雄未来，其毋乃二十世纪之文明，将随十九世纪之英雄以坠于地。此中消息，有智慧者欲一参之。

试观英国，格兰斯顿去矣，自由党名士中，可以继起代兴者谁乎？康拔乎？班拿曼乎？罗士勃雷乎？殆非能也。试观德国，俾斯麦去矣，能步其武者，今宰相秘罗乎？抑阿肯罗乎？抑亚那特乎？殆非能也。试观俄国，峨查仮去矣，能与比肩者，谟拉比埃乎？谟拉士德乎？殆非能也。然则今日欧洲之政界，殆冷清清地，求如数十年前之大英雄者，渺不可睹，而各国之外交愈敏活，兵制愈整结，财政愈充溢，国势愈进步，则何以故？

吾敢下一转语曰：英雄者不祥之物也。人群未开化之时代则有之，文明愈开，则英雄将绝迹于天壤。故愈在上古，则英雄愈不世出，而愈见重于时。上古之人之视英雄，如天如神，崇之拜之，以为终非人类之所能及。（中国此风亦不少，如关羽、岳飞之类皆是。）若此者，谓之英雄专制时代，即世界者英雄所专有物而已。降及近世，此风稍熄。英雄固亦犹人，人能知之，虽然，常秀出于万人之上，凤毛麟角，为世界珍。夫其所以见珍者，亦岂有侥幸耶？万人愚而一人智，万人不肖而一人贤，夫安得不珍之？后世读史者，啧啧于一英雄之丰功伟烈，殊才奇识，而不知其沉埋于蚩蚩蠕蠕、浑浊黑暗之世界者，不知几何人也。

二十世纪以后将无英雄。何以故？人人皆英雄故。英雄云者，常人所以奉于非常人之徽号也。畴昔所谓非常者，今则常人皆能之，于是乎彼此皆英雄，彼此互消，而英雄之名词，遂可以不出现。夫今之常人，所以能为昔之非常人；而昔之非常人，只能为今之常人者，何也？其一由于教育之普及。昔者教法不整，其所教者不足以尽高才人脑筋之用，故往往逸去，奔逸绝尘；今则诸学大备，智慧日平等，平等之英雄多，而独秀之英雄自少。其二由于分业之精繁。昔者一人而兼任数事，兼治数学，中才之人，力有不及，不得不让能者以独步焉；今则无论艺术，无论学问，无论政治，皆分劳赴功，其分之日细，则专之者自各出其长，而兼之者自有所不逮，而古来全知全能之英雄，自不可复见。若是乎，世界之无英雄，实世界进步之征验也。一切众生皆成佛，则无所谓佛；一切常人皆为英雄，则无所谓英雄。古之天下所以一治一乱如循环者，何也？恃英雄也。其人存则其政举，其人亡则其政息，即世界借英雄而始成立之说也。故必到人民不倚赖英雄之境界，然后为真文明，然后以之立国而国可立，以之平天下而天下可平。

虽然，此在欧美则然耳。若今日之中国，则其思想发达、文物开化之度，不过与四百年前之欧洲相等；不有非常人起，横大刀阔斧，以辟榛莽而开新天地，吾恐其终古如长夜也。英雄乎，英雄乎，吾夙昔梦之！吾顶礼祝之！

干涉与放任

古今言治术者不外两大主义，一曰干涉，二曰放任。干涉主义者，谓当集权于中央，凡百皆以政府之力监督之助长之。其所重者在秩序。放任主义者，谓当散权于个人，凡百皆听民间自择焉，自治焉自进焉。其所重者在自由。此两派之学者，各是其所是，非其所非，皆有颠扑不破之学理，以自神明其说。泰西数千年历史，实不过此两主义之迭为胜负而已。于政治界有然，于生计界亦有然。大抵中世史纯为干涉主义之时代；十六七世纪，为放任主义与干涉主义竞争时代；十八世纪及十九世纪之上半，为放任主义全胜时代；十九世纪之下半，为干涉主义与放任主义竞争时代；二十世纪，又将为干涉主义全胜时代。

请言政治界。中世史之时，无所谓政治上之自由也。及南欧市府勃兴，独立自治之风略起，尔后霍布士、陆克诸哲渐倡民约之论，然霍氏犹主张君权。及卢梭兴，而所以掊击干涉主义者，不遗余力，全世界靡然应之，演成十九世纪之局。近儒如约翰·弥勒，如斯宾塞，犹以干涉主义为进化之敌焉。而伯伦知理之国家全权论，亦起于放任主义极盛之际。不数十年已有取而代之之势。畴昔谓国家恃人民而存立，宁牺牲凡百之利益以为人民者，今则谓人民恃国家而存立，宁牺牲凡百之利益以为国家矣。自今以往，帝国主义益大行，有断然也。帝国主义者，干涉主义之别名也。

请言生计界。十六七世纪，重商学派盛行，所谓哥巴政略者，披靡全欧，各国相率仿效之。此为干涉主义之极点。及十八世纪重农学派兴，其立论根据地，与卢梭等天赋人权说同出一源。斯密亚丹出，更取自由政策，发挥而光大之。此后有门治斯达派者，益为放任论之本营矣；而自由竞争之趋势，乃至兼并盛行，富者益富，贫者益贫。于是近世所谓社会主义者出而代之。社会主义者，其外形若纯主放任，其内质则实主干涉者也。将合人群使如一机器然，有总机以纽结而旋掣之，而于不平等中求平等。社会主义，其必将磅礴于二十世纪也明矣。故曰二十世纪为干涉主义全胜时代也。

然则此两主义者，果孰是而孰非耶？孰优而孰劣耶？曰皆是也。各随其地，各随其时，而异其用。用之而适于其时与其地者则为优，反是则为劣。曰：今日之中国，于此两主义者，当何择乎？曰：今日中国之弊，在宜干涉者而放任，宜放任者而干涉。窃计治今日之中国，其当操干涉主义者十之七，当操放任主义者十之三。至其部分条理，则非片言所能尽也。

人生观与科学
—— 对于张、丁论战的批评
（一九二三年五月二十九日）

一

张君劢在清华学校演说一篇《人生观》，惹起丁在君做了一篇《玄学与科学》和他宣战。我们最亲爱的两位老友，忽然在学界上变成对垒的两造。我不免也见猎心喜，要把我自己的意见写点出来助兴了。

当未写以前，要先声叙几句话：

第一，我不是加在哪一造去"参战"，也不是想斡旋两造做"调人"，尤其不配充当"国际法庭的公断人"。我不过是一个观战的新闻记者，把所视察得来的战况随手批评一下便了。读者还须知道：我是对于科学、玄学都没有深造研究的人。我所批评的一点不敢自以为是。我两位老友以及其他参战人、观战人把我的批评给我一个心折的反驳，我是最欢迎的。

第二，这回战争范围，已经蔓延得很大了，几乎令观战人应接不暇。我为便利起见，打算分项批评。做完这篇之后，打算还跟着做几篇：（一）科学的知识论与所谓"玄学鬼"。（二）科学教育与超科学教育。（三）论战者之态度……但到底作几篇，要看我趣味何如，万一兴尽，也许不作了。

第三，听说有几位朋友都要参战，本来想等读完了各人大文之后再下总批评。但头一件，因技痒起来等不得了。第二件，再多看几篇，也许"崔颢题诗"叫我搁笔，不如随意见到哪里说到哪里。所以这一篇纯是对于张、丁两君头一次交绥的文章下批评，他们二次彼此答辩的话，只好留待下次。其余陆续参战的文章，我很盼早些出现。或者我也有继续批评的光荣。或者我要说的话被人说去，或者我未写出来的意见已经被人驳倒，那么，我只好不说了。

二

凡辩论先要把辩论对象的内容确定：先公认甲是什么乙是什么，才能说到甲和乙的关系何如。否则一定闹到"驴唇不对马嘴"，当局的辩论没有结果，旁观的越发迷惑。我很可惜君劢这篇文章，不过在学校里随便讲演，未曾把"人生观"和"科学"给他一个定义。在君也不过拈起来就驳。究竟他们两位所谓"人生观"、所谓"科学"，是否同属一件东西，不唯我们观战人摸不清楚，只怕两边主将也未必能心心相印哩。我为替读者减除这种迷雾起见，拟先规定这两个名词的内容如下：

（一）人类从心界、物界两方面调和结合而成的生活，叫作"人生"。我们悬一种理想来完成这种生活，叫作"人生观"。（物界包含自己的肉体及己身以外的人类乃至己身所属之社会，等等。）

（二）根据经验的事物分析综合，求出一个近真的公例以推论同类事物，这种学问叫作"科学"。（应用科学改变出来的物质或建设出来的机关等，只能谓之"科学的结果"，不能与"科学"本身并为一谈。）

我解释这两个名词的内容，不敢说一定对。假令拿以上所说做个标准，我的答案便如下：

人生问题，有大部分是可以——而且必要用科学方法来解决的。却有一小部分——或者还是最重要的部分是超科学的。

因此我对于君劢、在君的主张，觉得他们各有偏宕之处。今且先驳君劢。

君劢既未尝高谈"无生"，那么，无论尊重心界生活到若何程度，终不能说生活之为物能够脱离物界而单独存在。既涉到物界，自然为环境上——时间空间——种种法则所支配，断不能如君劢说的那么单纯，专凭所谓"直觉的""自由意志的"来片面决定。君劢列举"我对非我"之九项，他以为不能用科学方法解答者，依我看来十有八九倒是要用科学方法解答。他说："忽君主忽民主，忽自由贸易忽保护贸易……试问论理学公例何者能证其合不合乎？"其意以为这类问题既不能骤然下一个笼统普遍的断案，便算摒逐在科学范围以外。殊不知科学所推寻之公例乃是：（一）在某种条件之下，会发生某种现象。（二）欲变更某种现象，当用某种条件。笼统普遍的断案，无论其不能，即能，亦断非科学之所许。若仿照君劢的论调，也可以说："忽衣裘忽衣葛，忽附子玉桂忽大黄芒硝……试问论理学公例何者能证其合不合乎？"然则连衣服饮食都无一定公例可以支配了，天下有这种理吗？殊不知科学之职务不在绝对的普遍的证明衣裘衣葛之孰为合孰为不合，他却能证明某种体气的人在某种温度之下非衣裘或衣葛不可。君劢所列举种种问题，正复如此。若离却事实的基础劈地凭空说君主绝对好、民主绝对好、自由贸易绝对好、保护贸易绝对好……当然是不可能。却是在某种社会结合之下宜于君主，在某种社会结合之下宜于民主，在某种经济状态之下宜自由贸易，在某种经济状态之下宜保护贸易，……那么，论理上的说明自然是可能，而且要绝对的尊重。君劢于意云何？难道能并此而不承认吗？总之，凡属于物界生活之诸条件都是有对待的。有对待的自然一部或全部应为"物的法则"之所支配。我们对于这一类生活，总应该根据"当时此地"之事实，用极严密的科学方法，求出一种"比较合理"的生活。这是可能而且必要的。就这点论，在君说"人生观不能和科学分家"，我认为含有一部分真理。

君劢尊直觉、尊自由意志，我原是赞成的，可惜他应用的范围太广泛而且有错误。他说："……常有所观察也、主张也、希望也、要求也，是之谓人生观。甲时之所以为善者，至乙时则又以为不善而求所以革之；乙时之所以为善者，至丙时又以为不善而求所以革之。……"君劢所用"直觉"这个字，到底是怎样的内容，我还没有十分清楚。照字面看来，总应该是超器官的一种作用。若我猜得不错，那么，他说的"有所观察而甲乙丙时或以为善或以为不善"，便纯然不是直觉的范围。为什么"甲时以为善乙时以为不善"？因为"常有所观察"；因观察而以为不善，跟着生出主张、希望、要求。不观察便罢，观察离得了科学程序吗？"以为善不善"，正是理智产生之结果。一涉理智，当然不能逃科学的支配。若说到自由意志嘛，他的适用，当然该有限制。我承认人类所以贵于万物者在有自由意志；又承认人类社会所以日进，全靠他们的自由意志。但自由意志之所以可贵，全在其能选择于善不善之间而自己作主以决从违。所以自由意志是要与理智相辅的。若像君劢全抹杀客观以谈自由意志，这种盲目的自由，恐怕没有什么价值了。（君劢清华讲演所列举人生观五项特征，第一项说人生观为主观的以与客观的科学对立，这话毛病很大。我以为人生观最少也要主观和客观结合才能成立。）

　　然则我全部赞成在君的主张吗？又不然。在君过信科学万能，正和君劢之轻蔑科学同一错误。在君那篇文章，很像专制宗教家口吻，殊非科学者态度，这是我最替在君可惜的地方，但亦无须一一指摘了。在君说："我们有求人生观统一的义务。"又说："用科学方法求出是非真伪，将来也许可以把人生观统一。"（他把医学的进步来做比喻。）我说，人生观的统一，非唯不可能，而且不必要。非唯不必要，而且有害。要把人生观统一，结果岂不是"别黑白而定一尊"，不许异己者跳梁反侧？除非中世的基督教徒才有这种谬见，似乎不应该出于科学家之口。至于用科学来统一人生观，我更不相信有这回事。别的且不说，在君说"世界上的玄学家一天没有死完，自然一天人生观不能统一"，我倒要问：万能的科学，有没有方法令世界上的玄学家死完？如其不能，即此已可见科学功能是该有限制了。闲话少叙，请归正文。

　　人类生活，固然离不了理智；但不能说理智包括尽人类生活的全内容。此外还有极重要一部分——或者可以说是生活的原动力，就是"情感"。情感表出来的方向很多。内中最少有两件的的确确带有神秘性的，就是"爱"和"美"。"科学帝国"的版图和威权无论扩大到什么程度，这位"爱先生"和那位"美先生"依然永远保持他们那种"上不臣天子，下不友诸侯"的身份。请你科学家把"美"来分析研究吧，什么线、什么光、什么韵、什么调……任凭你说得如何文理密察，可有一点儿搔着痒处吗？至于"爱"那更"玄之又玄"了。假令有两位青年男女相约为"科学的恋爱"，岂不令人喷饭？又何止两性之爱呢？父子、朋友……间至性，其中不可思议者何限？孝子割股疗亲，稍有常识的也该知道是无益。但他情急起来，完全计较不到这些。程婴、杵臼代人抚孤，抚成了还要死。田横岛上五百人，死得半个也不剩。这等举动，若用理智解剖起来，都是很不合理的，却不能不说是极优美的人生观之一种。推而上之，孔席不暖，墨突不黔，释迦割臂饲鹰，基督钉十字架替人赎罪。他们对于一切众生之爱，正与恋人之对于所欢同一性质。我们想用什么经验什么规范去测算他的所以然之故，真是痴人说梦。又如随便一个人对于所信仰的宗教，对于所崇拜的人或主义，那种狂热情绪，旁观人看来，多半是不可解而且不可以理喻的。然而一部人类活历史，却十有九从这种神秘中创造出来。从这方面说，却用得着君劢所谓主观、所谓直觉、所谓综合而不可分析……想用科学方法去支配他，无论不可能，即能，也把人生弄成死的没有价值了。

我把我极粗浅极凡庸的意见总括起来，就是：

人生关涉理智方面的事项，绝对要用科学方法来解决；关涉情感方面的事项，绝对的超科学。

我以为君劢和在君所说，都能各明一义。可惜排斥别方面太过，都弄出语病来。我还信他们不过是"语病"，他们本来的见解，也许和我没有什么大分别哩。

以上批评"人生观与科学"的话，暂此为止。改天还想讨论别的问题。

爱国歌四章

泱泱哉！吾中华。最大洲中最大国，廿二行省为一家。物产腴沃甲大地，天府雄国言非夸。君不见，英日区区三岛尚崛起，况乃堂裔吾中华。结我团体，振我精神，二十世纪新世界，雄飞宇内畴与伦。可爱哉！吾国民。可爱哉！吾国民。

芸芸哉！吾种族。黄帝之胄尽神明，浸昌浸炽遍大陆。纵横万里皆兄弟，一脉同胞古相属。君不见，地球万国户口谁最多？四百兆众吾种族。结我团体，振我精神，二十世纪新世界，雄飞宇内畴与伦。可爱哉！我国民。可爱哉！我国民。

彬彬哉！我文明。五千余岁历史古，光焰相续何绳绳。圣作贤述代继起，浸濯沉黑扬光晶。君不见，竭来欧北天骄骤进化，宁容久屃吾文明。结我团体，振我精神，二十世纪新世界，雄飞宇内畴与伦。可爱哉！我国民。可爱哉！我国民。

轰轰哉！我英雄。汉唐凿孔县西域，欧亚抟陆地天通。每谈黄祸詟且栗，百年噩梦骇西戎。君不见，博望定远芳踪已千古，时哉后起我英雄。结我团体，振我精神，二十世纪新世界，雄飞宇内畴与伦。可爱哉！我国民。可爱哉！我国民。

闻英寇云南俄寇伊犁感愤成作

涕泪已销残腊尽，入春所得是惊心。

天倾已压将非梦，雅废夷侵不自今。

安息葡萄柯叶悴，夜郎蒟酱信音沉。

好风不度关山路，奈此中原万里阴。

满江红 · 赠魏二　甲午

如此江山，送多少英雄去了。

又尔我，蹋尘独漉，睨天长啸。

炯炯一空余子目，便便不合时宜肚。

向人间一笑醉相逢，两年少。

使不尽，灌夫酒。屠不了，要离狗。

有酒边狂哭，花前狂笑。

剑外唯余肝胆在，镜中应诧头颅好。

问匏黄阁外一畦蔬，能同否？

浪淘沙　乙未

燕子旧人家，怅触年华。

锦城春尽又飞花。

不是浔阳江上客，休听琵琶。

轻梦怕愁遮，云影窗纱。

一天浓絮太亏他。

镇日飘零何处也，依旧天涯。

贺新郎 壬寅

昨夜东风里。

忍回首、月明故国，凄凉到此。

鹬首赐秦寻常梦，莫是钧天沉醉。

也不管、人间憔悴，

落日长烟关塞黑，望阴山、铁骑纵横地。

汉帜拔，鼓声死。

物华依旧山河异，

是谁家、庄严卧榻，尽伊鼾睡。不信千年神明胄，一个更无男子。

问春水、干卿何事？

我自伤心人不见，访明夷、别有英雄泪。

鸡声乱，剑光起。